国家民委"十三五"时期全国少数民族古籍重点出版项目
湖南省少数民族古籍整理研究中心规划

LUXI TIAOXIANG

湘西土家族苗族自治州民族古籍丛书

湘西土家族苗族自治州民族宗教事务局　组编

李志平　主编

泸溪跳香

张宗南　杨家旺　张宗江　编著

泸溪县民族宗教事务局　组编

湖南大学出版社·长沙

图书在版编目（CIP）数据

泸溪跳香 / 张宗南等编著 . — 长沙：湖南大学出版社，2021.12
ISBN 978-7-5667-2401-4

Ⅰ．①泸⋯　Ⅱ．①张⋯　Ⅲ．①苗族—少数民族风俗习惯—介绍—泸溪县　Ⅳ．①K892.316

中国版本图书馆CIP数据核字（2021）第262705号

泸溪跳香
LUXI TIAOXIANG

编　　著：	张宗南　杨家旺　张宗江
责任编辑：	祝世英　罗红红
印　　装：	长沙超峰印刷有限公司

开　　本：710 mm × 1000 mm　1/16　　　印　张：16.5　　　字　数：254千字
版　　次：2021年12月第1版　　　　　　印　次：2021年12月第1次印刷
书　　号：ISBN 978-7-5667-2401-4
定　　价：68.00元

出 版 人：李文邦
出版发行：湖南大学出版社
社　　址：湖南·长沙·岳麓山　　　　　　邮　编：410082
电　　话：0731-88821691（营销部）88821594（编辑部）88821006（出版部）
传　　真：0731-88822264（总编室）
电子邮箱：1138705953@qq.com

湖南省少数民族古籍编辑委员会

顾　问　向恩明　何其雄

主　任　丁卿林

副主任　胥岸英　王智菁

编　委　李　征　吴晓慧
　　　　吴燕周　王丽芳

湘西土家族苗族自治州民族古籍丛书

编纂委员会

编纂成员

苗族跳香发祥地——"六堡后山"布条坪村

《苗族跳香》数字化采集地——芭蕉坪村

苗族跳香弘扬地——泸溪县城

跳香殿之将军殿

跳香殿之玉皇殿

跳香殿之丰登殿

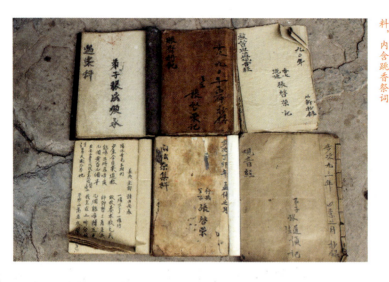

20 世纪 90 年代初，苗老司张启荣整理的祭祀资料，内含跳香祭词

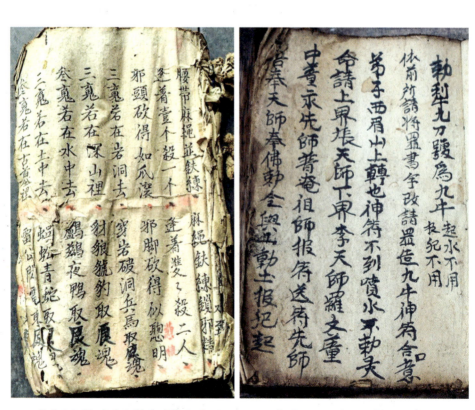

抄录于民国初期的跳香祭词古籍（一）　　　　抄录于民国初期的跳香祭词古籍（二）

跳香殿之玉皇殿供奉神祇——玉皇王母

跳香殿神坛布置

扎制香坛

老司吹牛角，召告人神举行跳香祭祀活动

起场——老司吹响牛角，众乐手鼓号齐鸣，跳香祭祀开始

请神——老司将五方兵马团聚到香坛

祭祀队伍进入香坛

香女托盆上祭品——香纸、猪头与五谷，以飨众神

开山傩舞——舞者头戴傩面具，手持木耜，表演砍山开荒等动作，迎神降临

烧游船——老司斩杀雄鸡，断然送瘟，将瘟神随船送往汪洋大海

谢神灵——众人歌舞，感谢神灵赐予人间福禄

搬土地——女歌手与土地爷调侃，祈求五谷神保佑五谷丰登

发童子——老司作法，与神对话通神，让童子

大旋场——祭祀中，老司进入迷狂状态，一脚踩在茶枯饼上，一脚点地飞转，直至枯饼被转通，以达到媚神娱神的效果

跳香节中的舞蹈表演——谢神灵舞

跳香节中的舞蹈表演——农事歌舞

跳香节中的武术表演——四门镗

跳香节苗族服饰——香女数纱

跳香节饮食——吃香豆腐：用一根香棍挑起豆腐互相劝（敬）着吃

跳香节也是各地苗族苗歌交流节

跳香舞成为泸溪县民族节日文艺表演的压轴戏

2017年，古丈县坪坝镇举办苗族"七月八"情人节，苗族群体不同支系共同表演跳香舞

序

　　泸溪县有着悠久的历史和灿烂的民族文化，是巫傩文化重要发祥地之一。屈原放逐沅湘时，溯沅水而上，经沅陵、泸溪、辰溪到达溆浦一带，目睹民间巫傩文化，创作《九歌》《山鬼》等名作。先秦之时，湘西地区巫傩文化盛行。朱熹《楚辞集注》："昔楚南郢之邑，沅湘之间，其俗信鬼而好祀。其祀必使巫觋作乐，歌舞以娱神。"

　　苗族从迁徙到湘西地区定居，长期处在恶劣生活环境和封建王朝的残酷统治下，既得不到天神福音，又得不到天子恩赐。因此，除崇拜祖先、民族英雄外，只有信仰万物有灵，进行各种祭祀活动，才能从中得到精神安慰。在漫长的历史长河中，苗族先民以聪明才智创造了内容极其丰富的苗巫文化，并与苗族社会生产生活、精神情感紧密相连，构建了庞大的巫傩活动体系，形成具有苗族特色的巫傩文化艺术。苗族跳香祭祀活动就是在万物有灵的信仰中产生的，反映了苗族巫傩文化的深厚内涵。

　　沅江从远古奔来，千百年来滋养着一代又一代各族人民。泸溪县处沅江中游，水路发达，舟楫畅通，加之温润的气候环境，使之无形中成为各个时期民族迁徙、汇集和融合之宝地。苗族先民在迁徙中，除大部继续西迁外，小部选择在泸溪定居繁衍。苗族跳香作为湘西苗族主要祭祀活动之一，在泸溪县各个村寨中广泛流传。清乾隆《辰州府志》载："十月朔日，剪纸为衣，具备酒肴，奠于坟茔……是月望日，农家祀五谷神，曰降香。"清乾隆《泸溪县志》载："滕子岭延禧观右侧与各乡都立有殿宇……各村会首主持洁净坛宇，备办祭物。祀毕举行会饮礼，长幼依次就座，欢舞散去，亦古者报赛之意也。"这些祭祀活动的发生地均在泸溪县史称"六堡后山"的苗族居住地域。因此，泸溪县"六堡后山"是苗族跳香的发祥地，后逐渐流布于泸溪苗族全部村落和部分土家族村寨，再传于沅陵、古丈、辰溪、溆浦、吉首等县市部分苗族聚居村寨及个别土家族村寨。

苗族跳香是湘西苗族三大主要祭祀活动之一，是苗族群众欢庆丰收，祈祷来年风调雨顺、幸福安康的一种祭祀节会。跳香活动中保留了苗族人民生产生活习俗及民间歌舞艺术，对研究苗族民俗及文化艺术具有重要价值。2009年，苗族跳香被列入湖南省第二批非物质文化遗产保护名录。

为记载苗族跳香发展历史和祭祀活动过程，还原苗族跳香民俗文化历史面貌，泸溪县民族宗教事务局编纂出版《泸溪跳香》一书，值得庆贺。

《泸溪跳香》的编纂出版，是泸溪县民族宗教文化部门开展少数民族古籍搜集整理工作的一个缩影。这部记叙苗族跳香祭祀活动的综合性百科全书，将为专家学者研究苗族跳香文化提供可信的资料，对于弘扬传统民族民俗文化，保护和传承非物质文化遗产具有可资借鉴的作用。

聊叙数语，以此为序。

中共泸溪县委常委、县委统战部部长　章华

2019 年 5 月

目 次

绪 论

跳香，泸溪乡话称为"桃胸""蹈新"，苗话称为"岜嬢"，译成汉语为"跳香"或"调香"。跳香节俗称"十月明香大会"，又称为"十月年"。

苗族跳香历史悠久，是湘西苗族最具代表性的三大祭祀活动之一。泸溪县古属楚地，楚人"重淫祀，信鬼神"，巫傩文化盛行。清乾隆《辰州府志》卷十四《风俗》载："十月朔日，剪纸为衣，具备酒肴，奠于坟茔……是月望日，农家祀五谷神，曰降香……"清乾隆二十年（1755），泸溪县知县顾奎光和举人李涌修纂的《泸溪县志》卷十四《坛庙》载："滕子岭延禧观右侧与各乡都立有殿宇……各村会首主持洁净坛宇，备办祭物。祀毕举行会饮礼，长幼依次就座，欢舞散去，亦古者报赛之意也。"报赛即酬恩赛愿，在泸溪县民间称为跳香，也称调香。滕子岭延禧观在泸溪老县城武溪镇北面，其右侧（背后）地区史称"六堡后山"，是苗族聚居地。由于开发进程迟缓，巫傩文化在该地区十分盛行，除了传统节庆的祭祀活动之外，民间消灾祈福、结婚纳彩、生老病死无不与巫傩相关。最突出的是与农业生产相关的祭祀活动几乎贯穿于全年，如二月敬土地神、"三月三"吃地菜煮鸡蛋驱邪和祭祀王母、四月初开秧门祭祀稷神、四月初八敬牛神、五月初一洗犁耙祭祀农具神、六月"打草标"防病治虫祭祀虫神、七月初一"开息门"祭祀鬼神、七月初七尝新祭祀五谷神、八月五谷收藏祭祀仓储神、九月九重阳节祭祀九皇大帝等。明代，随着该地区迁徙进入的村寨不断增加，人口繁衍增多，农业生产不断拓展，当地巫师（俗称老司）根据人们对风调雨顺、五谷丰登年成的期盼心理，综合一年农业生产巫傩祭祀活动，选择农历十月农闲时节，祭祀五谷神和人类始祖伏羲女娲，将一年的农事祭祀活动综合于一体，并与民间祈福消灾、巫傩技艺有机结合，形成该地区最为隆重的民间节庆——十月跳香节。明末清初，十月跳香节流行于该地区各个村寨。每年十月初，一寨单独或数个村寨联合举办跳香节，形成固定的民间传统节庆，并由此不断向外拓展。跳香发祥于该地区的苗族中一支俗称为"瓦乡人"的村寨，初期流布于泸溪县苗族村寨。随着社会的发展，人们交往领域的日益拓宽，跳香祭祀活动的举办随着徙入村寨的增多越加频繁。祭祀老司为了生计，不断向外寻找并拓宽祭祀活动地域，扩充自己的祭祀"地盘"，使得跳香祭祀活动拓展到与泸溪县交界的邻县苗族村寨，以及泸溪县潭溪镇、古丈县罗依溪镇等地的部分土家族村寨。湖南省城步苗族自治县一带苗族地区有过"十月年"习俗，广西壮族自治区龙胜各族自治县的伟江乡各个苗族村寨和乐江乡凉坪一带的苗族地区，亦有跳香祭祀活动。

跳香民俗活动体现了苗族先民对自然界的敬畏、对天地神灵的崇拜、对农业生产的敬重、对美好生活的追求，是苗族同胞祈求风调雨顺、神灵庇佑的一种大型民间祭祀活动。它集巫、傩、道等宗教祭祀活动和农耕文化、巫道音乐（唱腔、打击乐、吹奏乐）、傩戏、傩技、山歌、舞蹈、武术、服饰、饮食等民俗文化艺术于一体，是苗族传统文化的重要载体。

跳香祭祀活动内容十分广泛，涉及湘西苗族历史渊源、衍生地域、巫傩文化各个方面。活动以祭祀神灵为主，在各个仪程中，根据祭祀需要，傩、歌、舞等民间文化艺术贯穿整个仪程，另外，上刀梯、踩火犁、咬火犁等巫傩法术技艺和四门棍、四门镗、童子锤等苗族民间武术也是其中的重要内容。

本书根据现有文字资料（包括各网站涉及跳香的有关资料）和田野调查，以跳香祭祀内容和祭仪方式为重点，对其所涉及的地域、民族、文化、服饰等方面内容进行记述，目的是让读者全面、系统了解湘西地区苗族跳香祭祀文化，为后人留下一份宝贵史料。

第一章

跳香的历史渊源

第一节　跳香与巫傩文化

巫傩文化其实就是祭祀文化，是中华民族传统文化的组成部分，带有浓厚的宗教神秘色彩。

原始社会时期，人类对自然界的认知十分粗浅，往往把闪电打雷、刮风下雨、冰雹雪霜等自然现象，认为是上天神仙的有意安排；对地质滑坡、火山地震、洪涝旱灾等自然灾害现象以及人类病痛及死亡现象，认为是上天神仙对人类的不满和惩罚。人们由于害怕天神降灾难于人间，降灾祸于自己而诚惶诚恐，认为只有崇拜神祇并且祭祀神祇才能够免除灾厄，消除祸殃。由此，便产生了图腾崇拜、神灵崇拜。人们通过崇拜神祇的仪式向神祇表达虔诚之心，祈求消灾祛祸。由于崇拜神祇仪式的需要，产生了举行仪式的组织和主持者。久而久之，组织和主持仪式者便有了"巫"的称谓。这些"巫"成为沟通神灵与人们之间关系的中介，他们能够知晓神灵的旨意，是神灵在人间的代言人，也是人们向神祇祈求福禄意愿的传递者。因此，巫掌握着祭祀神灵、为人治病、传承部族历史等诸多权力，其权力和威望与部落首领和村寨族长齐平。《汉书·地理志》载："楚人信巫鬼，重淫祀。"范文澜《中国通史》载："楚国的传统文化是巫官文化，民间盛行巫风，祭祀鬼神必用巫歌。……炎黄族掌文化的人叫作史，苗黎族掌文化的人叫作巫。"[①] 许慎《说文》载："巫，巫祝也。女能事无形，以舞降神者也。……觋，能齐肃事神明者也。在男曰觋，在女曰巫。"在母系社会时期，女性成为部落的首领，既是首领又是大老司，俗称女巫。女巫主宰着部落的一切事务，掌管着图腾崇拜的一切法事，自此产生了巫教。随着历史发展和社会变迁，社会发展进入父系社会阶段。由此，男性主宰社会事

---

① 范文澜：《中国通史》，人民出版社，1964年。

务，便出现了男巫，并逐渐替代了女巫的历史地位，主宰祭祀神祇等一切巫事活动。巫教在漫长的社会历史进程中一度被统治阶级和普通民众奉为正教。

道教产生于春秋时期，是有诸多神明崇拜的多神教原生的宗教形式，以"道"为最高信仰。道教主旨是追求长生不死、得道成仙、济世救人，目的是通过修炼成为仙人，以便垂法济人，无量度人。战国时代，道教形成本土宗教，成为诸子百家之一。晋代和唐代，道教被朝廷统治阶级所尊奉，上升为正教，为整个社会独尊。朝廷以正统的立场将巫教的巫术视为"淫祀"，并制定律制和采取各种方式对巫教加以禁绝。由此，巫教受到了压制、限制和排挤，被迫退出正教地位。然而，道教虽然为统治阶级所尊奉，但在民间还没有得到完全的社会认同，民间仍继续信奉巫教。由于受到上升为正教的道教挤压，巫教活动仅限于祭祀祈祷法事和符咒治病方术的范围内，活动空间十分狭小。在这种情形下，巫教教主为了其教派生存而开始寻求出路。在祭祀活动中，沿用和承袭道教的方式，寻找空间向道教靠拢，巫道文化由此逐渐产生结合。历史变迁和社会发展使人们认同巫教同属于道教，巫教成为既巫既道、内巫外道的"道法二门"。巫教将道教祖神太上老君定为自己的教主，以证实巫教也属于老君教或老君门下，获得了一席之地。在祭祀活动中，除了敬奉太上老君外，也将张天师、三清、三尊、三元、三官、四渎、五岳、玄天上帝等道教的神祇都搬进巫坛中敬奉，并以"太上五灵老君"等名目标榜，在巫教活动中大量吸收道教经文，以道教科仪充实巫坛。由此，巫道合一使巫教赢得了生存空间，并在民间得到传承和发展。

随着社会历史的不断发展，时至今日，巫教中的女巫只剩下"仙娘"（又称为"神婆"）这类神职，其活动没有固定的祭祀场所，只在乡间流动性地从事"杠仙"活动。男巫则可以主持大型祭祀活动，而且有一定的祭祀程序和祭仪场所。

巫教分为文教和武教两个门派。文教属于道教的分支，以念颂道教的经文为主，诠释经文内容，以教化民众。其法事活动主要有为亡灵做开路道场、做牛角道场、举办玉皇庙会，到破居家白虎煞、开财门等项目。武教以巫术技艺操作表演和巫术感应为主，其法事活动主要有住宅除邪驱鬼，为小儿渡关架桥和打天狗解煞，为不育夫妇架桥求子，为久旱不雨施法求雨，为祈求五谷丰收、祛病消灾举行跳香及还傩愿祭祀法事。在祭祀法事中表演上刀梯、踩火犁、咬火犁、捞油锅等巫术法技。文教和武教是相通的，巫教从业人员都身兼文武两教。

巫师（苗族称为老司）传教有内传和外传两种形式。把巫教技艺传给与自己有血缘关系的子孙称为内传，传于与自己无血缘关系的弟子称为外传。

巫文化是原始祭祀文化的初级阶段。神农氏教民播种水稻等五谷后，产生了农耕文化。一万多年前，沅湘流域出现人工栽培水稻，由于农耕文化主流倾向于图腾崇拜，沅水流域产生了"傩图腾"崇拜。农耕民族为了祭祀农神，奉神农氏为傩神，遂出现了傩文化。作为农耕时代意识形态的傩文化依附于农耕文化生存。其内容包括傩仪、傩俗、傩歌、傩舞、傩戏、傩技等项目，与巫文化一样，都是为了驱鬼逐疫、消除灾厄，祈求吉祥，通过举行各种仪式活动达到阴阳调和、风调雨顺、五谷丰登、人寿年丰的目的。由此，傩文化成为巫文化发展的更高层次。人类社会在发展进程中，巫文化不断向傩文化过渡演变，巫文化和傩文化的相互融合，形成了巫傩文化。随着历史的发展，巫师称谓也逐渐演化成"老司"的称谓。

泸溪苗族人绝大多数都居住在深山密林区，交通不畅，信息不灵，高山峻岭阻隔了与开化地区的交往。落后的生产力阻碍文化的发展，他们信仰多元化的精灵鬼怪，认为只有神灵才能够使灵魂得到救赎。在社会发展的历史过程中，这些精灵鬼怪以不同方式与苗族人的生产生活紧密相关，人们由对自然的恐惧演变为对神灵的崇拜。因此，产生了苗族巫傩文化，以及专事巫傩祭祀活动的群体。他们在泸溪"乡话"里被称为"闹沙"，在泸溪苗语（湘西苗语东部次方言地区）里被称为"巴濡"，在湘西苗语西部次方言地区被称为"巴代"，汉语中则被称为老司，有别于道士。老司从事巫傩祭祀活动，代表巫傩文化，即巫教；道士是道教神职人员的称谓。老司在传承发展巫傩祭祀文化活动中，从最初的原始祭祀，逐步发展到根据季节变化和人们需要而创制了丧葬、还傩愿、跳香、接龙谢土等大型专场法事，从中分离出了架桥求子、打天狗除煞、安家先等数十种小法事。其中，跳香为最隆重的祭祀之一，参与人数多，成为一寨或几寨的集体祭祀活动。

跳香是在原始宗教基础上，融入苗族民俗、祭祀音乐、农事舞蹈、巫傩技艺等，由此形成和发展起来的，与巫傩文化有着密切联系，是宗教仪式类的民俗活动。

第二节　跳香的由来

随着时代变迁和社会发展，人类从原始社会进入阶级社会，产生了剥削制度，形成了剥削阶级和被剥削阶级的对立，因而产生了人间悲欢与离合、幸福和灾难、富裕和贫穷等诸多现象。由于文化的落后，人们无法认识这些社会现象，更无法理解其根本原因，认为这些都是命运带来的结果。因而，人们对支配自己生产生活的各种社会力量产生了神秘幻想。久而久之，这些社会力量逐步被神化。由此，创造了各式各样的具有社会属性的神灵崇拜。从自然力量被人格化到具有社会性神灵的祭祀崇拜，是基于万物有灵的观念对社会现象和社会力量神化的产物。

苗族是我国古老的民族之一，人口多，分布广，湘西苗族属于其中的一部分。在长期的历史发展过程中，苗族在服饰、节庆、婚嫁、丧葬、娱乐、礼节、禁忌、饮食等方面形成了自己独特的风俗习惯和风俗特点。苗族人们信仰万物有灵，崇拜自然，祀奉祖先，在社会进程中由神灵崇拜而产生了跳香、还傩愿、丧葬法事等巫傩文化。跳香习俗是苗族文化的一部分，是湘西地区的泸溪、沅陵、辰溪、溆浦、古丈、吉首等县市乃至湖南城步、广西龙胜等地苗族人民庆祝丰收、酬谢神灵的祭祀活动。

跳香原意为调香，调香祭祀即为"还调香辞送酬恩赛愿"，又称为报赛，是傩愿的另一种祭祀活动。泸溪乡话中的"调"与"跳"读音一样，都读作"桃"或"蹈",语义却有分别。1979年,泸溪县文化馆组织工作人员在梁家潭公社布条坪大队的布条坪、猫子溪大队的旧寨等村寨收集挖掘苗族民间民俗文化时,根据老司杨世先等人的口传,将"调香"记为"跳香",由此"调香"演变为"跳香"。

跳香节是泸溪县苗族最隆重的传统节日,乡话称为"桃胸曾"或"蹈新孜",译成汉语称为跳香节,又称为"十月明香大会"或"斋粑节"等,是苗族人民欢庆丰收,祭祀祖先和诸神,祈祷来年风调雨顺、村落清吉平安、人们幸福安康的一种祭祀性节会,俗称"十月年"。其内容包括巫傩祭祀仪式、祭祀歌舞、民间武术、巫傩技艺等,是一项综合性的群众文化活动。

关于苗族跳香的由来,有着多种不同的说法。综合泸溪县、沅陵县、古丈县等地对跳香由来的说法,主要有四种版本。

一、庆贺戊氏娘娘平"南海"

相传,东汉光武帝建武二十三年(47),伏波将军马援征剿"五溪蛮"时,曾多次与苗族女首领戊氏娘娘领导的苗兵队伍交战。后来,苗兵队伍战败,戊氏娘娘将兵马隐藏在大山深处的一座庙里。马援因人地生疏,多次追剿却遭到戊氏娘娘的伏击,几乎全军覆灭。马援无奈,只好与戊氏娘娘议和。议和后,戊氏娘娘带领队伍归顺朝廷。朝廷命戊氏娘娘率军去攻打"南海"(今湘西南与广西毗邻地区)。因南海地区同样是苗族同胞,戊氏娘娘既不忍残杀同宗同根的同胞,又不敢违抗朝廷的命令,于是,想出了一个办法,派人暗地里用俚语给南海同胞发出信号,告知朝廷要派兵攻打南海地区。这种俚语就是"乡话",外人听不懂。待戊氏娘娘带兵到达南海地区时,南海苗人早已得到信息逃走了,余下部分苗民也全都归顺了她。大军胜利归来,正好是农历十月初一。苗族人民为庆祝胜利和族人团聚,举行祭祀活动,跳起本民族的舞蹈即跳香舞。此后,五溪苗族人民就将这一天定为"跳香节"。

二、纪念向老官人

相传，古时辰州莲花池讲乡话的苗族中有一位向老官人在朝廷担任武官要职，屡次率兵抵御外寇，作战有功。战后班师回朝，皇帝念其作战有功，欲加官封爵。对此，向老官人婉言拒之，只求皇帝赠送给他十担粟米种子，准许告老返乡，躬耕农田。皇帝知其归心已定，无法挽留，只得应允，准其解甲归田。向老官人带着粟米种子回到家乡，带领乡民开荒辟地，整理田土，从事农业生产，在火畬地里撒下粟米种子，在旱地里种植苞谷、黄豆、高粱，在稻田里种植水稻。秋后，五谷获得了好收成。十月收割后，苗族人民举行祭祀活动庆贺丰收。次年农历十月初六，向老官人进京朝觐皇帝，禀报辰州苗民的劳动成果，反映民间疾苦。向老官人的功绩引起奸臣记恨，在筵席中奸臣用计劝向老官人喝下毒酒，向老官人因此被害。为了纪念向老官人的丰功伟绩，辰州莲花池一带讲乡话的苗民定在每年农历十月初六举行跳香节，祭祀他和神灵，缅怀他的功绩，乞求神灵保佑。久而久之，形成了"十月跳香节"民俗节日。

三、祭祀盘瓠盗五谷种子

相传，上古时期，盘瓠和辛女结成夫妻后栖身于南山，辛勤劳动，繁衍子孙。尽管夜以继日地劳作，仍终日食难果腹。于是，盘瓠想办法来到天庭，游过天河去盗取五谷种子。由于忘带口袋，便化成狗，在水塘中弄湿全身，在谷仓里打滚，全身粘裹了五谷种子。正欲逃走时被守库神兵发现，遭到天兵天将的追撵。盘瓠在泅渡天河时，身上毛发所粘裹的五谷种子掉落水中。他急中生智，将尾巴高翘起来，保留了一些五谷种子。摆脱追兵上岸后，盘瓠将尾巴上的种子取下，回到家中播撒在土地中。经过多年的耕种和繁育，获得丰收，五谷从此成为主要食物。盘瓠盗种使南山地区民众能填饱肚子，改善了生活条件。农历十月，盘瓠、辛女和民众在收获五谷之后举行庆祝活动，大家围桌吃饭喝酒，通宵达旦歌舞。此后，南山地区民众每年在五谷收割之后都举行庆贺活动，活动中夹杂着祭祀仪程，遂形成跳香节雏形。

四、联络杀家鞑子

元朝时期，朝廷奉行民族统治歧视政策，除建立各级统治管理机构外，每家每户都派驻一名士兵监守，老百姓一举一动都被纳入管理。因此，人们称他们为家鞑子。尽管居住在高山溪壑中的苗族人因土地贫瘠而食不果腹，但是朝廷仍然规定，每三户必须供养一个鞑子兵。住在户上的家鞑子都是穷凶极恶的歹徒，不但将百姓兵器没收，连柴刀、菜刀都得由他保存，用时去领，用后交还。这些鞑子兵好逸恶劳，欺男霸女，导致怨声载道。然而，在暴虐统治下民众敢怒不敢言。疾恶如仇的"闹沙"（老司）决心用计除掉这些家鞑子，以改变族人这种暗无天日的生活。于是，老司联络各村各寨，约定十月某日一起将家鞑子除掉。为了稳妥起见，老司把联络信号写在小纸片上放在糍粑里，以便大家统一行动。但是，由于人们不识字，联合除掉家鞑子的方式没有奏效。老司只好挨村挨户秘密串联，口授机密，相约举事。众人聚在老司周围，听他用乡话传达起事命令。遇到家鞑子在场时，人们便跟着老司装神弄鬼一起癫狂跳舞。在跳舞中，老司借神巫咒语诵经和单脚旋钻茶枯技艺表演显示法力无边，让大家相信杀家鞑子是天意，定能成功。到了约定日期，众人把家鞑子骗到屋头村外，趁其不备用板斧砍死，得手后敲竹筒子打"唔"告知乡邻。由此，跳香中老司表演巫术技艺时，常有人们敲竹筒助兴的情节。

从泸溪县沿河一带苗族跳香祭祀活动来看，最初祭祀的神祇主要是戊氏娘娘和盘瓠。后来，由于人们信奉上天赐予人间万物，便在祭祀神祇中增加了玉皇大帝。久而久之，戊氏娘娘和盘瓠淡出祭祀活动，形成以祭祀玉皇大帝和五谷神为主。但是，在祭祀法事中，"闹沙"所请神祇仍然有戊氏娘娘和盘瓠。这在武溪镇桥东社区岩头河寨子的丰登殿得到证实。居住在北区（俗称"六堡后山"）一带的苗族最初的跳香祭祀神祇主要是盘瓠和向老官人。随着社会发展和传承发展需要，增加了人们最易接受的玉皇大帝、神农氏等神祇，武教跳香还增加了行船跑马的保护神黑龙将军沐英。时至今日，跳香祭祀神祇已演变成祭祀玉皇大帝、傩公傩母（伏羲女娲）、神农氏、沐英等。但在老司请神祭词中，原始神灵仍然在必请之列。

因跳香祭祀活动流传久远，又鲜于文字史料，至今还没发现文献记录跳香源于何时，何以形成。上述四种说法虽然不能确定跳香的来源，却都保存了"十月年"习俗，表明跳香与楚巫文化有着密切的关系。

第三节　跳香祭祀活动的形成

泸溪县古属楚地，楚人"重淫祀，信鬼神"，巫傩文化盛行。清代《辰州府志》《泸溪县志》所记载的，是当时泸溪苗族人们举行跳香节活动的真实写照。

跳香经历了从对自然恐惧转向祈求神灵保护的初始期、由祈神到娱神的转换期和成熟期三个时期。苗族先民们慑于自然不可抗拒的威力，为消除恐惧，只能祈求神灵的保护，于是人们便创造了神。跳香敬奉的神灵有360多个，除了天王、地王、人王、谷王外，还敬奉三清、三虚祖师、八方神灵等。敬奉的神灵很多，但主要是敬奉玉皇大帝、五谷神（神农氏）和傩公傩母（伏羲女娲）。随着巫道结合和民间信仰的增多，后来将护佑行船跑马及征战的黑龙将军（黑龙菩萨）也增加进来，成为主祭神祇。东汉王逸《楚辞补注》曰："……昔楚国南郢之邑，沅湘之间，其俗信鬼而好祠，其祠必作歌乐鼓舞以乐诸神。"屈原《九歌·东皇太一》记述的祭祀时间是秋天，祭祀的神灵和主持仪式的人等与跳香的祭祀内容是相同的。可见，"十月年"（跳香）的程式最迟在战国时期已基本形成。唐宋时期，跳香逐渐有了一定的祭祀场所。明清时期，随着苗区村寨和人口的增多，跳香在这些地区得到了发展，成为一项盛大的巫傩祭祀活动。

泸溪苗族在每年农历十月初一至十五举行跳香活动，感谢"五谷神"赐予的丰收果实，感谢傩公傩母为人间造福，使人类繁衍发展，感谢玉皇大帝教化大道伦理、造化万物，感谢黑龙将军祛灾除祸，护佑民间生灵。通过跳香祭祀活动庆贺当年五谷丰收，人间无瘟无灾，预测来年年成状况，有针对性地从事农业生产，祈求人们百事顺遂、幸福安康。从仪式的内容来看，跳香之所以在这一时段举行，除了庆贺五谷丰收之外，主要是缘于傩祭的"春祈秋报"风俗。跳香是以"天传天教、地传地教、人传人教"的老司为主角，村寨民众为演员广泛参与的重大祭祀活动。老司世代传承的方式主要是口耳相传，书籍传承的不多，牛角、司刀、绺旗是传承的重要证据。

随着时代的发展变迁，跳香从最初的单纯祭祀原始神灵转向祭祀多种神灵、表达多种诉求，融汇了数纱头帕、数纱围裙、游船、舞蹈、武术、傩技、傩歌、山歌等诸多独特艺术和特色民俗，反映了人们崇尚自然、乐天知命的精神特质和对幸福生活的执着追求及纯朴勤劳团结和睦的民族精神，体现了独特的地域文化，传承着民族文化传统，具有极强的民族凝聚力。

第二章

跳香所处地域及传承历史

　　有关跳香祭祀活动的文字记载，始见于清乾隆《泸溪县志》《辰州府志》，志书所记载的跳香祭祀活动均在泸溪县，证实泸溪是跳香祭祀活动发祥地。初始时期是在"六堡后山"苗族居住区域流行，并成为这些区域民间主要祭祀活动。跳香祭祀活动是苗族"闹沙"（老司）传承的，随着社会发展逐渐向外流传，明代起流布于湘西地区全部瓦乡村寨和泸溪县全部苗族村寨，并向周边地区的苗族村寨和土家族村寨流传。本章重点记述苗族跳香所处地域、流布村寨、传承与发展情况。

第一节　泸溪县概况

泸溪县位于湖南省西部、湘西土家族苗族自治州（以下简称湘西州）东南部，东邻沅陵县，南界辰溪县、麻阳苗族自治县，西接吉首市、凤凰县，北连古丈县。地理位置东经109°40′～110°14′，北纬27°54′～28°28′，东西宽79.50千米，南北长104千米，地域面积1565.50平方千米。

县境处于武陵山脉和雪峰山脉过渡地带，境内有大小山头2700多座，一般海拔300～500米，最高处是县西南八面山主峰巴斗山，海拔884.30米，最低点是武溪镇东北大龙溪汇入沅江出口，海拔97.10米。地貌自东向西南排成"川"字形状，西高东低，由西向东倾斜，大部分属低山地区。境域气候属中亚热带季风性湿润气候，年平均气温16.9℃，无霜期年均285天，日照1432小时，年降水量1326毫米。成土母质较多，土壤可分为七大类，其中以紫色土居多，占总面积的65.8%，通气性能良好。土壤中酸碱度适中，有利于各种农作物的生长。境域有大小溪河127条，分属沅水、武水、辰水和西溪四大水系，水资源量年均240亿立方米。沅江发源于贵州省，流经辰溪县，在浦市镇流入泸溪县境内，由南向北流入沅陵县汇入洞庭湖。武水发源于花垣县大龙洞，从高岩河自西向东流经吉首市河溪镇，在泸溪县潭溪镇松柏潭流入境内，在武溪镇老县城大桥汇入沅江。境内发现各种矿藏资源45种，其中探明储量的有24种，有开采价值的金属矿藏13种，主要是金、铝、铁、铅锌、硫铁等；非金属矿藏17种，主要是磷、硅石、石灰石、菊花石、金刚石、白云石、石煤、莫来石等。

旧石器时代，境内就有人类在沅江、武水两岸生存繁衍。三皇五帝第三位帝王高辛氏（帝喾）之女辛女与盘瓠成婚隐居沅水流域的神话传说渊源于此。楚三闾大夫屈原被贬流放期间，曾溯沅水而上，途经泸溪，停留于今屈望村一带，遍访民间疾苦，受巫傩文化影响，写出《九章·涉江》《九歌·山鬼》等著名诗篇。泸溪县境内发现旧石器、新石器时代和战国时期遗址11处，发掘浦市镇桐木垅古墓群有战国墓50座、汉墓15座。浦市镇下湾的"高庙文化"遗存不仅填补了湘西史前文化早期考古的空白，还将湘西人类活动历史上推至8000年关口。

南朝梁武帝天监十年（511），分武陵郡置卢州。州治在今泸溪县武溪镇北郊岩龙头一带，辖今泸溪、花垣及吉首部分地区。唐武德二年（619），始建卢溪县，治所设在卢州旧址。唐天宝元年（742），改辰州为辰州卢溪郡，郡治设卢溪县治所在地。卢溪县治迁往洗溪口，在洗溪口建治所。北宋靖康二年（1127），洗溪口县署被四都蛮民攻占并烧毁。南宋绍兴九年（1139），复迁至沅江、武水两水交汇处的卢江口楠木洲，在楠木洲上建治所。清顺治六年（1649），改卢溪县为泸溪县。清代，泸溪县属湖南省辰沅永靖道辰州府。民国初，属湖南辰沅道辰州府。民国二十九年（1940）属湖南省第九行政督察区。中华人民共和国成立后，泸溪县属湘西行署沅陵专区。1952年，从沅陵专区划出，隶属湘西苗族自治区。1955年，属湘西苗族自治州。1957年，属湘西土家族苗族自治州。县城及县署治所除在洗溪口的397年外，一直设在武溪镇。因属五强溪电站库区淹没区，1995年3月，县城搬迁至白沙村建治所，设立白沙镇。2015年，乡镇行政区划调整，白沙镇并入武溪镇，县治仍设在原白沙镇所在地。

这里是盘瓠文化和苗族跳香祭祀文化重要发祥地，古代诗人屈原流放地，文学大师沈从文解读上古悬棺之谜笔耕地，"东方戏曲活化石"辰河高腔保存地。

2017年，泸溪县辖武溪镇、浦市镇、达岚镇、合水镇、兴隆场镇、潭溪镇、洗溪镇、石榴坪乡、永兴场乡、白羊溪乡、小章乡、解放岩乡七镇五乡，有16个社区居委会、131个建制村，690个村民小组，1283个自然村寨，是多民族居住的地方，各民族处于大杂居、小聚居状态。全县总户数8.82万户，总人口31.70万人，其中，汉族12.59万人，占总人口39.7%，主要分布于武溪、浦市、达岚、合水、兴隆场、解放岩等乡镇；苗族13.79万人，占总人口43.5%，主要聚居于洗溪、小章、潭溪、武溪、解放岩、白洋溪等乡镇；土家族5.32万人，占总人口16.8%，主要聚居于潭溪、白洋溪、合水等乡镇；其他少数民族701人，散布于县城和各集镇。域内语种有汉语、苗语（包括乡话，即瓦乡语）、土家语几种语言，通行汉语。

第二节　苗族源流与湘西苗语

一、苗族源流

（一）族源

《说文解字》云："苗，草生于田。从草从田。"苗族人民长期躬耕于农田，与稻田、茅草有着千丝万缕的关系，称呼由此派生，这种称呼贯穿于尧舜禹三个时期。此后，在不同的历史时期称谓有所不同。商周时期仍沿用"苗"的称谓，后以苗族大迁徙后居住地域使用"荆蛮""蛮荆""荆楚"的称呼。其活动地域与"三苗"活动地域相同，说明"苗"与"蛮"之间的承袭关系。"蛮"与"三苗"一样，系部落联盟集团。春秋战国时期，统称"楚人""蛮夷""群蛮""南蛮""百濮"等。秦汉时，"蛮"人已迁入武陵五溪地区，又以其活动地域称呼为"黔中蛮""五溪蛮"。唐宋时期，随着五溪地区苗族社会经济发展和人口繁衍增多，历代统治者与苗族交往日趋频繁，对苗族的认识日益加深，于是把"苗"从众多少数民族的"蛮"中区别出来，作为单一民族。唐代诗人白居易有"疑此苗人顽，恃险不终役"的诗句。唐宋之际，又出现"苗""蛮"混淆情况，如"武陵蛮""五溪蛮""辰州蛮""溪州蛮""锦州蛮""叙州蛮""奖州蛮"等地域性称呼。直到南宋，才又把"苗"从"蛮"中作为单一民族区别出来。朱辅撰《溪蛮丛笑》序云："……今有五：曰苗，曰瑶，曰僚，曰僮，曰仡佬。风俗气习，大略相似。"朱熹在潭州（今长沙）任职时"招抚"苗民，曾作《三苗记》，并在长沙岳麓书院右侧筑"谕苗台"。从此"苗"成为单一的民族称谓。元、明、清时期，人们对苗族按地域、习俗、服饰区别出若干支系，使用不同的称谓。如"腊尔山苗""楼居苗""仡佬苗""红苗""白苗""花苗""青苗""黑苗"等。又按其"教化"程度，分为"生（深）苗""熟（浅）苗"。在民间称呼中，使用最多、流传最广的是"生苗"和"熟苗"。泸溪境内的苗族属于"熟苗"，又称为"仡佬苗"。此类称谓，一直延贯到1949年。中华人民共和国成立后，在征得湘、黔、川、鄂、桂、滇、粤等七省苗族人民认同，将族名统一确定为苗族。

（二）历史迁徙

据《中国通史》记载，苗族历史与蚩尤、共工、驩兜、三苗等有关。苗族先民原居住在黄河中下游平原地区，部落首领是蚩尤，在与黄帝的涿鹿之战中蚩尤战败。蚩尤部落联盟里的八十一个部落兄弟分成东夷、西戎、南蛮、北狄而被迫迁徙。因此，出现了中国历史上苗族第一次大迁徙。在迁徙中，部分苗族由黄河中上游迁至黄河与长江中下游之间。《史记·五帝本纪》说："三苗在江淮、荆州数为乱。"《正义·吴起》载："三苗之国，左洞庭而右彭蠡。"尧、舜、禹时期，三苗首领驩兜又因战败，出现第二次民族大迁徙。因失去统一苗族的首领，在大迁徙中分别以血缘为主，各个家族族长组织迁徙。南蛮一方部落在第二次大迁徙中，除组织自己族人之外，还收留从其他地方逃难而来的兄弟，迁徙流散到湖北、江西、广东、广西、贵州、四川、云南、海南等地。

公元前9世纪末至公元前8世纪初，周宣王"中兴，乃命方叔，南伐蛮方"。战国时期，楚悼王决定将"荆蛮"中散居的"南蛮"族群纳入楚国势力范围，遂以武力"南并蛮、越"，占据"洞庭、苍梧之地"。苗族先民故地失守，被迫向武陵山区迁徙，衍化为今中国的东、中部苗族。战国末年，秦昭王使"白起伐楚，略取蛮夷，置黔中郡"，"武陵蛮"又一次遭受战争的屠戮和冲击。秦朝时期，"武陵蛮"得到一段时间休养生息。东汉建武二十三年至二十五年（47—49），汉光武帝刘秀三次用重兵进击"武陵蛮"。然而，刘尚在"击武陵蛮夷"中遭"军没"。老将马援请命率四万精兵出征五溪，最后困死在武陵境内的壶头山（今沅陵县境）。但是，由于东汉王朝的轮番会剿，使得苗民的人口锐减，逼得部分苗民向西或向南流徙，这次迁徙苗族进入到湘西腹地。西晋时期，荆州刺史陶侃于建兴三年（315）和东晋咸和四年（329）两次兵伐"五溪蛮"，并掳走众多人口。南朝刘宋元嘉二年（425），"五溪蛮"揭竿起事，朝廷遣将调兵镇压，并将俘掠的人口强行"迁于建康（今南京），以为营户"。刘宋元徽二年（474），荆州刺史沈庆之复"以讨蛮为名，大发兵力……赇罚群蛮太甚，又禁五溪鱼盐，蛮怨叛"，致使"五溪蛮"流离失所，湘西众多"苗蛮"向贵州和广西境内迁徙。

湘西地区的苗族有尧、舜、禹时代随同骧兜放逐崇山进来的，有战国时代楚悼王命令吴起南平蛮越后辗转进来的，有楚国将被秦国所灭之际由熊绎、熊渠的后裔熊武带进来的，还有一部分是其他历史时期零星进来的。其中人数较多、势力较大的是吴、龙、廖、石、麻五大姓，其次还有张、符、谢、向等多姓。

唐太宗时期，汲取东汉以来武力征服"苗蛮"的教训，采取"以夷治夷，以苗治苗"策略，按照汉族的称谓方式结合苗族内部既定的特点，分别赐予苗人汉姓，按当时人口多少和势力大小排列了吴、龙、廖、石、麻的顺序，以之统其部族，故称之为"五姓都头"。至今苗族人家的神龛上还立有"五姓都头"之位。从唐咸通十四年（873），南诏出兵"寇西川，又寇黔南、黔中"起，苗族经历宋、元、明时期和清初频繁剿抚和征调，不断西徙至贵州、云南、广西等地，有的徙入东南亚诸国。至此，基本形成整个苗族散居于中国的湘、黔、川、鄂、滇、桂、粤及东南亚诸国格局。

大范围的、长时期的迁徙使苗族在地域上彼此割离，信息断绝。由于各自在不同的社会环境、地域条件中生存发展，造成苗族支系多支、方言多种和服饰多彩的现象，由此产生的宗教信仰和巫傩祭祀也各有不同。[①]

二、湘西苗语片区分布

苗语属汉语藏语系苗瑶语族苗语支，分西部方言、中部方言、东部方言

---

① 龙庆和：《湘西苗疆志》，天马出版有限公司，2007年，第1—10页。

三支，湘西苗族语言属东部方言的湘西苗语。湘西苗语分为东部次方言和西部次方言两支。东部次方言通行在泸溪县西北部、吉首市东部、古丈县东南部、龙山县南部、永顺县东部、沅陵县大部等地区。西部次方言通行在凤凰县、花垣县、保靖县的所有苗区和吉首市除东部以外的大部分地区及古丈县西部等地。

东部次方言区苗族支系又分为中部和南部两个土语区，中部土语区苗族以泸溪县洗溪镇洞头寨为中心，散布于泸溪县洗溪（梁家潭、八什坪片区）、潭溪地区，延伸至吉首市丹青、排吼、排绸地区和古丈县河蓬、平坝、山枣、野竹、岩头寨等地区。南部土语区苗族集中居住在小章乡全部村寨以及白羊溪乡、解放岩乡与小章乡接边少数村寨。讲"乡话"的苗族则散布在泸溪县、沅陵县、辰溪县、溆浦县、古丈县、吉首市等地村寨，其中沅陵县最多，泸溪县次之，吉首市最少。

湘西苗族支系按其所使用的语言主要分为戈狩（仡酥）、仡爽、瓦（仡）胸三种，各支系语言片区常跨县（市）相连，讲"乡话"苗族人群的分布则更为广泛。

（一）戈狩（仡酥）片区

这个片区以泸溪县洗溪镇洞头寨村为源头，延伸到潭溪镇的朱雀洞、盘古岩、符家坪、小陂流，洗溪镇的望天堂、甘溪、达力寨、茶坪、下湾、芭蕉坪、桌子潭、塘食溪、池塘、龙背山等行政村；吉首市东部丹青镇全部村寨、太平镇部分村寨；古丈县古阳、平坝、岩头寨等乡镇的大部分苗族村寨。其分布范围和格局为泸溪县西北部、吉首市东部、古丈县南部。片区苗民操湘西苗语东部次方言中部土语，人口约8万，自称"戈狩"或"狩代勒"，汉语记作"仡酥"，均系汉字异记。"戈狩"意为"讲苗话"，"狩代勒"意为"苗家人"。

（二）仡爽片区

这个片区包括泸溪县小章乡各村寨以及与小章乡接壤的白羊溪乡和解放岩乡部分村寨苗族聚集区，操湘西苗语东部次方言南部土语，人口约1.8

万。他们自称"仡爽""爽代勒",汉语转音也记作"仡穌"。"仡爽"意为"讲苗话（的人）","爽代勒"意为"苗家人"。

（三）瓦（仡）胸片区

这个片区包括泸溪县武溪镇的桥东社区、沅江社区、兴沙社区、屈望社区和刘家滩、红土溪、红岩、朱食洞、杨斌庄等行政村，洗溪镇的杜家寨、梯溪坪、三角潭、花园坪、李什坪、灯油坪、鸡子潭、拖船坡、布条坪、红岩排、猫子溪、岩寨等行政村，潭溪镇的扯夫溪、施茶溪村寨等，以及古丈县古阳镇、岩头寨镇的部分讲乡话村寨和沅陵县大部分、辰溪县和溆浦县部分讲乡话村寨，吉首市分布有4个自然村。这个片区民众俗称为"瓦乡人"。1985年，国家民委认定瓦乡人为苗族的一个支系，片区民众以此由汉族更改为苗族，人口约30万，少数更改为土家族。他们自称"仡胸"或"港新""瓦胸"，汉语记作"仡熊"或"仡胸"，其意为"讲乡话（的人）"。

（四）乡话片区

苗族跳香祭祀活动主要源于"瓦乡人"地域，与瓦乡人祭祀活动关系密切，有必要对湘西乡话分布地域进行介绍。在湘西地区，乡话片区主要包括在沅陵、辰溪、溆浦、泸溪、古丈、吉首六县市中部分地区，面积约6000平方千米。讲乡话的人口约30万，其中以沅陵县分布范围最广、使用人口最多。各县市乡话具体分布如下。

1. 沅陵县乡话分布区

沅陵县乡话分布在县西南的酉溪、丑溪、舒溪、杨溪、荔溪流域，即荔溪乡、太常乡、盘古乡、二酉苗族乡；麻溪铺镇大部分地区，包括麻溪铺社区居委会、龙岩头社区居委会、千丘田村、肖家坳村等；筲箕湾镇全部村寨，包括筲箕湾社区居委会、舒溪坪村、大坪头村、洞底村等；凉水井镇的部分村寨；沅陵镇、深溪口乡、明溪口镇少部分村寨。

2. 辰溪县乡话分布区

辰溪县乡话分布在县北部与沅陵县、泸溪县交界的船溪乡大部分村寨，如黄泥溪村、来溪村、桐木冲村、兵马冲村、小溪河村等以及伍家湾乡、谭家场乡区域内东北角与沅陵县交界的个别自然村寨。

3. 溆浦县乡话分布区

溆浦县乡话主要分布在县北部与沅陵县交界的让家溪乡、大渭溪乡、木溪乡等大部分村寨。

4. 泸溪县乡话分布区

泸溪县乡话分布在县东北部与沅陵、辰溪县交界的沅水两岸乡村，包括洗溪镇的杜家寨村、梯溪坪村、花园坪村、大村潭村、李什坪村、鸡子潭村、灯油坪村、梁家潭村、布条坪村、岩寨村、红岩排村11个行政村，武溪镇的刘家滩村、红土溪村、红岩村、桥东社区、兴沙社区、沅江社区、屈望社区、杨斌庄村8个行政村和社区，潭溪镇的盘古岩村扯夫溪、施茶溪自然村。

5. 古丈县乡话分布区

古丈县乡话分布在县东部与沅陵县、泸溪县交界的地域，有高峰乡、岩头寨镇（含山枣、草潭大部分村寨）、高望界林场的部分村寨以及古阳镇（原罗依溪镇、河蓬乡）的坳家湖、报木坪、洞上自然村，平坝镇的窝瓢村。

6. 吉首市乡话分布区

吉首市乡话分布在东部丹青镇的卡坪、野猫坪、榔木坪、古木寨等自然村。

第三节　泸溪苗族历史与语言支系

一、泸溪苗族历史

泸溪县是苗族西迁的通道。苗族先民在迁徙过程中经过此地，绝大部分沿旱路翻越山界、走水路穿越激流，进入邻近地区，少部分定居了下来。湘西苗族《古老话》中"剩下一班代熊代稣，留下一批代穆代来代卡……天黑走出泸溪峒，天亮离开泸溪岘，又从大河小河上移，又从大路小路上迁"，正是苗族经过泸溪继续西迁的写照。泸溪苗族是整个苗族历次大迁徙后进入湘西地区繁衍生息的一个支系。

唐宋之前，泸溪地区除沅水两岸是汉族居住外，其他地区大都为"蛮獠人"居住地。曾经是单语社会，操本民族语言。由于朝廷实行"蛮不出境，汉不入峒"的隔离政策，社会处于半封闭状态，与汉族交往有限，只有少数上层人士与外面有交往，略通汉语。

泸溪苗族都是入籍民族，"外民入赘，习其俗久，遂成族类"①。明代，在土家族土司内附朝廷后，部分苗族也相应内附，遂产生"熟苗"地区，民族关系格局有所改变。究其原因，一是明朝为改变因战争造成的人口失衡状况和开发蛮荒之地，采取行政移民手段将人口稠密地区人口迁到人口稀少地区，一度产生"湖广填四川"的移民浪潮。处于入川通道上的泸溪地区迁入大量汉人，都是自愿移民、逃亡入蛮和商贸迁徙而来的汉族人口，局部改变了少数民族地区民族居住格局。这为苗族、土家族接触汉文化提供了条件。二是中央王朝极力推行汉化政策。"苗疆边墙"的修建，人为地将苗族群体隔离，边墙外苗族不断汉化，演变成"熟苗"，语言也掺进不少汉语成分。汉化也使少数民族地区开馆办学，学习汉语文，姓名制度开始改变。清代"改土归流"后，大量汉人迁入苗族地区，进一步改变了民族分布格局，民间社会互动频率加大，少数民族与汉族经济文化交流更为频繁。三是归附苗族按照朝廷规定定期朝贡，或被征调参与抗倭援朝、镇压民变等军事活动，也成为苗族接触汉文化学习汉语的重要条件。更主要的是，明代一系列政策推行使苗族地区形成杂居状态，通过长期交流逐渐习得汉语。四是通婚制度松动加快融合进程。苗族、土家族、汉族杂居村寨除相互间交往外，通婚成为改变民族语言的重要条件，女性往往成为改变民族语言的主要媒介。随着时间的推移、战事的减少，尤其是以隔离苗族为主要目的而修砌的"苗疆边墙"格局逐步瓦解，汉族与边墙内的苗族通过迁徙、通婚等方式

---

① 严如煜：《苗防备览·风俗上》，清嘉庆二十五年（1820）。

加深交往，不知不觉地融合于苗族群体之中，使语言上客话（汉语）与苗话混杂，形成了湘西苗族东部次方言和瓦乡语两个语种。

二、泸溪苗族语言

泸溪苗语属湘西苗语中的东部次方言，通行在小章、潭溪、洗溪等乡镇。小章乡苗语属东部次方言南部土语；潭溪、洗溪等乡镇的苗语属东部次方言中部土语洞头寨语支。武溪、洗溪等乡镇的"仡胸"村寨属于乡话语言。

（一）中部土语

湘西苗语东部次方言中部土语支为泸溪县苗族的主要语种，由泸溪县洗溪镇的洞头寨延伸到吉首市的丹青片区，古丈县的平坝、岩头寨等地。音节由声母、韵母、声调三部分组成，有48个声母，35个韵母，6个声调。

（二）南部土语

湘西苗语东部次方言南部土语支以泸溪小章乡为中心和代表，小章乡苗语和以洞头寨为中心的中部土语相互能通话。不同的是，小章苗语多在实词前冠"仡"（读革音），如"仡台"（刀）、"仡犁"（犁）、"仡夺"（斧头）、"仡点"（板凳）、"仡安"（住房）、"仡歪"（锅子）、"仡地"（碗）、"仡塘陪"（猪栏）、"仡塘泥"（牛栏）等。而洞头寨苗语在实词前则冠以"古"。"古""仡"都是虚词（修饰词），"仡"是"古"的转音。

（三）乡话语言

泸溪乡话语言使用范围主要集中在武溪、洗溪等乡镇的"仡胸"村寨。乡话语族语支未定，共有62个声母，15个韵母，声调有高平、低平、升调、高降四个。

根据对泸溪乡话3079个词汇的分析研究，其中的汉语借词1655个，占总词数的53.8%；有少数民族语言词汇1424个，占总词数的46.2%。在少数民族语言词汇中，与通道侗族自治县马龙乡侗语相同和有对应关系的有25个，占少数民族语言词汇的1.8%；与龙山县靛房乡土家语相同和有对应关系的有44个，占少数民族语言词汇的3.1%；与广西壮族自治区全州瑶语勉方言与标准土语相同和有对应关系的有125个，占少数民族语言词汇的8.8%；与贵州省凯里苗语相同和有对应关系的有127个，占少数民族语言词汇的8.9%；与花垣县吉卫苗语相同和有对应关系的有368个，占少数民族语言词汇的25.8%。乡话的特点是声母多韵母少，除小舌音是处在残存的情况外，不管是圆唇音还是腭化音，除一个浊音外，其他都是成套的，腭化音只能出现在双唇音外，而圆唇音是除唇音以外都有它出现的场所，而且很整齐。特别是小舌音的存在，使它与汉语的差别更显著而且又富有它自己的特殊性。[1]

与泸溪湘语比较，泸溪乡话语音具有突出的保守性、明显的地域性和鲜明的独特性。泸溪乡话和泸溪湘语孕育于同一母体古楚语，在演变发展过程中，它们都受到了官话、赣语的影响。泸溪乡话自身特殊的演变和遗存的古音是与泸溪湘语不能通话的原因。泸溪乡话借用湘语、兼用湘语的现象很普遍。[2]

三、泸溪苗族支系

湘西苗族三大支系在泸溪境内都有分布，他们一直沿用古老称谓。

（1）代稣。实名"仡稣"，现已转化成"戈狩""德狩"。这支苗族聚居于洗溪、潭溪、梁家潭（2015年并入洗溪镇）、八什坪（2015年并入洗溪镇）等四个乡镇，是湘西苗语东部次方言中部土语地区。

（2）代僚。实名"仡僚"，现已转化成"仡爽"。居小章乡大部分村落和与小章乡接壤的白羊溪乡、解放岩乡少数村落，是湘西苗语东部次方言

---

[1] 石如金：《"果熊话"语音调查报告》，1985年向国家民委提供的专题调查报告。转引自沅陵县人民政府1985年《关于沅陵县"瓦乡人"要求恢复和更正民族成分的报告》附件。

[2] 瞿建慧：《泸溪乡话与泸溪湘语的语音比较及语音演变》，载《中南大学学报》（社会科学版）2012年第2期。

南部土语地区。

（3）代熊。实名"仡胸"，又作"果熊""仡熊""港新"。千百年来，这个族群在沅水中下游与酉水流域广大区域内繁衍生息，语言和生活习俗独特。"代熊"被认为是"五溪蛮"后裔，在屈原放逐沅水前就已在现居地生存繁衍。"代熊"除在泸溪县沅水流域白沙一带聚居外，还散居于梁家潭乡、八什坪乡、李家田乡（2005年分属武溪镇、浦市镇）等村寨。这部分苗族接受汉文化较早，受汉文化影响较深，1984年前登记为汉族，1985年后经民族识别，绝大部分人口恢复为苗族，少部分人口恢复为土家族。

第四节　泸溪跳香发源地"六堡后山"

据传，苗族跳香发祥地在泸溪县"六堡后山"。"六堡后山"在泸溪县中处在何处？这里有必要理清脉络。

一、地理位置

"六堡后山"位于军亭界山脉背面，即泸溪县北部境域。军亭界地处沅水与武水交汇处，为武陵山南支余脉，最高海拔762米，最低海拔115米，地势西北高、东南低，相对高差647米，坡度为25°～35°。境内主要成土母岩为白垩系下第三代紫色砂岩，土壤以紫色土为主。属亚热带季风湿润气候，年平均气温16.9℃，年平均降水量1325.60毫米，无霜期270天左右。森林茂盛，物种多样，有木本植物500余种，属国家保护的珍稀植物有银杏、香角树、楠木、椰木、檫木、杜仲、五味子、川桂皮等50余种，珍贵野生动物有果子狸、毛冠鹿、竹鸡、环颈雉、腹蛇、中华大蟾蜍等20多种，是湖南省省级自然保护区。

军亭界山脉分为天桥山、茅屋界、铠架山三段。从天桥山起沿山顶一线有大坳隘、岩门隘、乾峨隘、榔木隘、苦竹隘、钻子岩隘，六道隘口自洗溪口（县治）向天桥山、茅屋界、铠架山一线山脉分布，直达沅陵县界，绵延80千米。

唐天宝元年（742），卢溪县治武溪因设辰州卢溪郡，县府迁往洗溪口，在洗溪口建治所。为确保县治和辰州卢溪郡郡治的安全，从唐初建县至明代万历年间，县府在各个隘口筑有堡子哨卡，战时驻有兵丁守护，借助自然高山对县城形成一道保护屏障。六处关隘六座堡子简称"六堡"，六堡后面属泸溪县管辖地域，居住着一百多个村寨，位于苗汉杂居之地，其边缘连接吉首市、古丈县、沅陵县等地，俗称"六堡后山"。天桥山、茅屋界、铠架山因六个堡子屯驻军兵，故统称为军亭界。"六堡后山"东傍沅陵县石家界，西靠吉首市标金界、榔木界，北接螺丝界、上云界，南依天桥山、茅屋界。四周高山阻塞，境内岗峦起伏，溪涧纵横。区域内西溪河是沅江的二级支流，发源于古丈县河蓬乡的凤鸣溪和白羊溪，经吉首市的白洋滩，流入泸溪县的桌子潭、塘食溪、官寨、花园坪、梯溪坪、三角潭、大村潭、趴潭，而后流入沅陵县二酉苗族乡境内，注入北河（酉水）。西溪在六堡境内一段，因滩多水浅，船只不能通航，这里的山货及人民生活所需物资的进出全靠肩挑背负。自古以来，这里的山民披荆斩棘，不断垦殖，将山坡开成梯土，河谷平地开成大块水田，使六堡后山成了鱼粮之地。

二、行政区划

清嘉庆元年（1796），泸溪县知县黄炳奎任命武举张尚林、武生员李源阶为团防督办，到"六堡后山"村寨操办团练勇丁，发展民间防卫力量，以保卫县城安全，使"六堡后山"形成防卫屏障。张尚林、李源阶二人根据村民居住的地理条件、宗族关系、语言习俗等，按照"六堡后山"习惯称呼，将125个村寨编成6个保。这六保中，两保讲汉语，两保讲苗语，两保讲乡话。由此，以行政区划而得名的"六保"和以关隘堡子得名的"六堡"重名，统指泸溪县北部及西北部地域。

（一）讲苗语的有洞头保、官寨保

洞头保辖洞头寨、高寨、中寨、后寨、铜鼓寨、达勒寨、当百寨、纸棚、望天堂（上下两寨）、仲溪、鸾团湾、甘溪、长潭头、雀儿溪、盘古岩、朱雀洞、谷池、告泥坝、阿旺溪、二郎坪、白土坪等村寨。筑碉堡于洞头寨南山头上，与当时清军驻扎的大营盘遥相呼应。此保以符姓为主。

官寨保辖官寨、池塘、龙背山、桌子潭、芭蕉坪、亮排坡、斗篷界、梁家坡、石家寨、下湾、湾潭、茶坪、东鼓坪、桐油坪、覃家寨、土地坪等村寨。该保张姓居多，其次有梁、向、陈、覃等姓。筑碉堡于官寨，这里是当时永顺、古丈等地通辰州府的必经之地，可扼其咽喉。

（二）讲乡话的有烧肉保、布条保

烧肉保辖烧肉溪、牛屎坡、李什坪、桃坨、大村潭、趴潭、三角潭、梯溪坪、覃家坡、唐家、倒水坪、花园坪、香炉排、构皮溪、铁炉冲、八什坪、塘食溪、上云界、饿狗溪、老鸦溪等村寨。筑碉堡于烧肉溪山头，与邻境沅陵县烽火相望。该保杂姓，以田、张、向、杨、彭等姓为主。

布条保辖布条坪、灯油坪、向家岭、鸡溪坳、鸡子潭、检儿坪、白马坪、大风岭、黄泥溪、拖船坡、芋头溪、桃树坨、大坪、栗岭、猫子溪、旧寨、椿木冲、龙瓜坪、岩寨、金子坪、东瓜坪、茶溪等村寨，梁家潭场上的杨家寨、红岩排与猪食溪两寨姓杨的都隶属于布条保。此保杨姓居多，杂有邓、龙、田、刘、罗、周等其他姓氏。筑碉堡于布条坪南山头上，是"六堡后山"的中心地带。

（三）讲汉语又讲乡话或懂得乡话的有榔木保、欧溪保

榔木保辖榔木溪、烟竹坨、芭蕉溪、磨岩坪、竹坪、庙坪、保儿坪、张家坪、岩塘、上曹家、桑树坪、虎头寨、洪水溪、印家、王家、田坪、八方界等村寨。筑碉堡于榔木溪，扼守通往县城要隘。此保为邓、苏、龙、曹、印、王、石等杂姓聚居。

欧溪保辖欧溪、老寨、殿湾、牛家、下曹家、烟坨、侯家、婆田、龙

湾、均田坪、茶盘溪、杜家寨、土脚坡、大地坪、高树、榆树坪、翁水排、九子田、狗坐岩、高大坪、低大坪、千丘田、暮江头、峰子岩、葡溪等村寨。筑碉堡于欧溪，扼守通往县城的另一条要道。此保为杨、杜、许、曹、牛、文等杂姓聚居，除杜家寨讲乡话外，其余操汉语，但懂得乡话。

民国初期，"六堡后山"划为北区，区公所设布条保。民国二十六年（1937）改区划乡，"六堡后山"划为孝安乡，将官寨保及烧肉保划为第一、四、五保，布条保划为第二、三保，欧溪保划为第六保，榔木保划为第七保，洞头保划为第八保，共计八个保。高大坪等地划入忠安乡。

1949年9月后，"六堡后山"地区区域几经变化，于1961年形成梁家潭、八什坪两个人民公社，梁家潭公社所在地设梁家潭村，八什坪公社所在地设花园坪村。1984年，改为乡。2015年10月，两乡整体划入洗溪镇。境内S252省道穿境而过，交通便利。

三、泸溪跳香流布的主要村寨

（一）跳香发祥地——布条坪村

该村位于洗溪镇北部，与花园坪村隔酉溪相望，距梁家潭圩场3千米，距洗溪镇政府21千米。辖布条坪、茶溪、哑巴溪、桃坨、大坪、亭子溶6个自然村，2018年，全村272户1106人。其中村委会所在地布条坪村全部为杨姓，明代万历年间迁入。民国时期，相继出现土著武装首领杨子荐、杨齐伍等，该村设过北区区公所、孝安乡乡公所。杨子荐在村边禁山附近修建一座堡子，杨齐伍在村后山头上修建一座碉堡哨所，扼守梁家潭通往布条坪要道。该村既是"六堡后山"苗族老司产生之地，又是苗族跳香发祥之地。现有第十九代跳香老司传承人杨朝先、杨长征等。

（二）跳香发扬地——旧寨

旧寨属岩寨行政村（原属猫子溪行政村）下辖的一个自然村，距梁家潭圩场7千米，距洗溪镇政府25千米。2018年有43户142人，以杨姓为主，明末迁入此地居住。是继布条坪村之后跳香老司发迹和跳香技艺传承层次更高的自然村。通过老司杨世先的先祖发扬光大，跳香发展到顶峰。该村现有第十四代跳香老司传承人杨大军、杨世俊等。

苗族跳香发扬地——"六堡后山"之旧寨

古时，泸溪县是少数民族西迁的中转站之一，是朝廷与苗峒诸"蛮"相争相斗的缓冲地带，又是汉族文化和苗族文化相融合的区域。跳香流传的地域村寨都处在山区，因交通不发达，与外界联系有限，致使跳香这一古老的原生态文化物种得以保留下来。闭塞的地理位置便于巫傩文化的发展和传承，形成了以布条坪村为中心向周边50千米范围内扩展的格局。

第五节　泸溪跳香的发展历史

泸溪县古属楚地，楚人"重淫祀，信鬼神"，故巫傩文化盛行。其中跳香最具有代表性，其历史渊源久远，在苗族民间具有广泛影响。

一、泸溪跳香历史概况

泸溪苗族自明代相继入地生产生活后，随着历史变迁，他们将原籍地的巫傩文化与本地苗巫文化相互结合，并不断创新内容和范围，创造了泸溪苗族独有的巫傩文化跳香祭祀活动。据传，泸溪跳香发祥地在"六堡后山"的布条坪村，由杨姓老司创立。明代初期，其先祖在掌握巫傩法事技艺的同时，到道教上清派的发源地茅山学习坛醮、布道、符箓、禁咒、占卜、祈雨、圆梦、驱疫、祀神等法术。该派属于正一派，以行符箓为主要特征，进行画符念咒、驱鬼降妖、祈福禳灾等法事。自明万历二年（1574）定居于布条坪寨子后，他们将远古时期的"十月年"跳香习俗，融合于道巫文化之中，形成大型跳香祭祀活动并逐渐形成为传统节日，既庆贺当年丰收，又预测来年收成，更祈求村寨清吉平安、家庭幸福安康。这种节庆活动由于巫傩法事成分居多，祈福禳灾内容易为人们所接受。因此，这种节庆活动流传极快，流布范围不断扩大，成为周边村寨每年十月必须举办的节庆活动。明末清初，该地区的旧寨寨子杨世先的先祖从事巫道职业，与附近稠木坪村的张海仙一道，将跳香祭祀活动发挥得淋漓尽致。杨世先先祖主攻巫傩及道教法事，张海仙主攻巫傩技艺。除本地香坛之外，在沅陵、乾城（吉首）、古丈等县接边地区开辟香坛，设立香殿，培训香头，组织香众举办跳香节活动，一时名声大振。"六堡后山"的保儿坪、金子坪、鸡溪坳等村寨也相继衍生了龙姓、刘姓、邓姓跳香老司。随着跳香活动的兴起，跳香技艺先后传入周边地区各地村寨。民国初期，旧寨的杨世先、杨有发等6位老司与布条坪的3位杨姓老司继承祖辈衣钵，在实践中吸收了汉族、土家族和苗族其他支系祭祀文化元素，将跳香祭祀发扬光大，使"六堡后山"所有村寨均成为跳香流行之地。在这片方圆百里的地域里，一度形成了54位跳香老司组成的群体。由于本地活动地域有限，这些小有名气的老司为了生存和传承发展，向各地开辟香坛，带徒学艺，传播跳香巫傩法事技艺。布条坪村杨姓老司的一个支系迁徙至乾城县榔木坪村（今属吉首市丹青镇）居住繁衍生息，以榔木坪村为中心开辟香坛，从事老司职业，开展巫傩法事活动。旧寨寨子的老司杨有发入赘芭蕉坪村张姓，以芭蕉坪村为中心开辟香坛，从事老司职业，进行巫傩法事活动。欧溪村杨姓老司的一个支系和张家坪村张姓老司的一个支系迁徙至古丈县的报木坪、洞上寨子（现属古阳镇），以报木坪、洞上村为中心开辟香坛，从事老司职业，也进行巫傩法事活动。一些知名老司将香坛向周边地区其他各个村寨开辟，带徒传授技艺。至1949年中华人民共和国成立时，跳香分布于泸溪县洗溪镇的全部村寨，潭溪镇的婆落寨、大陂流等土家族村寨和全部苗族村寨，小章乡全部苗族村寨以及沅陵县的全部瓦乡村寨，古丈县古阳、平坝、岩头寨等乡镇瓦乡村寨，吉首市丹青、太平等乡镇苗族村寨。其中泸溪县布条坪、旧寨、芭蕉坪、鸡溪坳、保儿坪、金子坪等村寨的跳香老司法事技艺远近闻名，武艺高强，傩技盖众。从旧志书对跳香的记载和跳香祭祀活动流布地域、老司的产生、跳香祭仪的传承发展等史事可以得出泸溪县是苗族跳香发祥地的结论。

二、泸溪跳香发展阶段

泸溪跳香活动经历了初始—鼎盛—衰落—废止—恢复—保护发展六个阶段。

（一）初始时期

跳香祭祀的初始可以追溯到战国时期，但当时主要是零散的祭祀，民间并没有形成大型祭祀活动，既没有形成一种约定俗成的民俗文化，也没有形成一种传统节庆活动。从唐代开始至明代初期，随着巫傩文化的发展，跳香祭祀成为苗民每年农历十月必须开展的活动，由此产生跳香节，跳香节庆处于初始时期。

（二）鼎盛时期

明代中叶和清朝时期以及民国初期是跳香活动的鼎盛时期。这个时期，一些苗民迁入"六堡后山"崇山峻岭之中，开辟疆场，定居繁衍。同时，城里一些汉族富户在此地置办田地，开设农庄，为便于管理，也从城里进入该地域居住，形成多民族交融状态。由于地处山区，与外界交往有限，外来文化一时难以进入，村寨中一些从事巫傩法事的老司将祭仪带入村寨，促进了苗族巫傩文化的发展和传承。随着人口的增加，析出不少村寨，散布于"六堡后山"各个角落。至1920年，在泸溪"六堡后山"东西长15千米，南北宽30千米，地域面积近300平方千米的土地上，散居着125个村寨，人口2万余。与此同时，原居住在"六堡后山"的人们由于人口繁衍增多，也不断地向邻近的古丈、吉首、沅陵等地人口较为稀少的地域迁徙，跳香祭祀等巫傩文化自然也就带入了这些地区。

在"六堡后山"地区内，以布条坪村杨姓为主体的老司群体主宰着该地区的各种祭祀活动，以跳香为主的祭祀文化主宰着该地区巫傩文化的发展，并由跳香节派生出"三月三""六月六""七月八""七月九""九月九"等传统民族节日。跳香节活动每年农历十月都要举行一次，参与者甚多。从明代中期开始，布条坪杨姓老司除在"六堡后山"各个村寨开辟香坛之外，还在各地传授巫傩技艺。一段时期内，出现了一大批较有名气的跳香老司，比如泸溪县布条坪、旧寨、芭蕉坪，乾城县（今吉首市）榔木坪，古丈县报木坪等5个村寨杨姓跳香老司，泸溪县鸡子潭村的邓姓跳香老司，保儿坪村的龙姓跳香老司，金子坪村的刘姓跳香老司。同时，沅陵县的梨坡、乌宿、棋坪、用坪等地也出现了较有名气的跳香老司。每位老司都有自己的香坛范围，俗称"掌坛师"。每年农历十月初，一个村寨或几个村寨联合举办一次跳香节祭祀活动，由掌坛老司和香头主持。

民国九年（1920）农历十月，布条坪村举办了一次大型跳香节祭祀活动，集中了"六堡后山"地区的杨姓、邓姓、龙姓等54名老司，从布条坪村落主香殿开始，在周边20多个村寨轮流进行跳香祭祀活动，陆续有2000多名村民参加，所有的老司在跳香祭祀活动中都表演了高超的巫傩技艺，历时15天之久。至此，跳香祭祀活动达到了顶峰。

（三）衰落阶段

民国十七年至三十八年（1928—1949），这个时期由于战乱引起社会动荡不安，导致泸溪县北区（今梁家潭、八什坪地域）相继出现各路当地武装，造成了北区长达20年的内乱，当地武装冲突不断，造成民不聊生。战乱不仅搅乱了当地人们的生产生活，也使跳香节以及其他传统民族节日活动受到制约，大型跳香祭祀逐步走向衰落，几乎消失，只在个别传统文化较为强势的村寨偶尔举行。这个时期的老司主要主持道场法事和小巫傩法事。每年农历十月初一到十五期间，民众在家里堂屋烧香纸敬奉玉皇大帝和五谷神。

（四）废止阶段

1949年，中华人民共和国成立后，随着人民政权的建立，社会秩序稳定，民心安定，跳香祭祀活动得到恢复，其间虽然没有举办大型跳香节活动，但凡是设有香殿的村寨每年都举行一次小型跳香活动，一直延续到1964年初。1964—1976年，由于处于特殊历史时期，跳香祭祀活动被当作封建迷信活动而遭到禁止，大部分香殿和神像被砸毁，有的被生产队作为猪牛栏使用。跳香节以及其他传统节日均被禁止，绝大部分巫傩法事书籍被收缴并烧毁，老司全部从事农业生产，神职不再存在。跳香祭祀活动从此销声匿迹。这个时期，虽然再没有举行跳香节活动，但民间仍然存在跳香传统习俗，每年农历十月，村民都习惯性做香糍粑、香豆腐，一则自食，二则馈赠亲友。

（五）恢复阶段

1978年后，国家实行以经济建设为中心，全面坚持改革开放政策，民族文化随着经济社会发展走向复兴。苗族跳香等一批巫傩祭祀活动和少数民族传统节日不再被作为迷信活动来对待，而是作为民族民间民俗文化来看待。1979年初，泸溪县文化馆的民俗专家在梁家潭人民公社挖掘苗族巫傩文化，相继采访了杨世先等多位老司，整理了跳香的部分唱腔唱词。此后，经过多次抢救发掘，使得跳香等一批民俗文化得以保护。1979年农历十月，芭蕉坪村首先恢复了跳香祭祀活动。由此，泸溪县"六堡后山"境内各个村寨及沅陵、古丈、吉首等地相继恢复了跳香节活动。之后，县文化馆李曼莉、石泽林根据跳香祭祀大旋场仪程中的集体舞原始音乐，谱成跳香舞曲。1984年6月，县文化馆召集全县18个乡镇的文化辅导员在梁家潭乡集中学习跳香舞曲，排练集体跳香舞蹈。7月，梁家潭乡举办传统民族节日"六月六"歌会，跳香舞作为一个主要民俗文化节目在活动场上展演，60多人参加了跳香舞表演。至此，除了民间的跳香祭祀活动之外，跳香大旋场中的集体舞蹈首次进入民族节日活动场中，并作为压轴节目展现在民众眼前，跳香舞曲也由此得到传播。但是，由于跳香古籍资料大多在1964—1976年特殊时期中被焚毁，展现在民众眼前的只有大旋场中的集体舞部分。

（六）保护阶段

1990年后，由于社会注重经济发展，民俗文化的发展受到了一定的制约，虽然民间时而组织开展跳香祭祀活动，但是跳香舞蹈研究和保护传承仍处于停滞状态。到1999年的十年间，断断续续地在民间开展了一些小型跳香祭祀活动，作为民族传统节日活动主要节目的跳香舞一直没有得到充分展现和发展。

2000年，泸溪县为了发展旅游业和保护传承民族民间文化，开始注重跳香、团圆鼓舞、辰河高腔等民俗文化的挖掘、保护和传承工作。此后，跳香祭祀活动进入保护、传承和发展阶段。除了民间自发举办的跳香节日之外，跳香舞作为一种民俗文化在各个民族节日活动场上被列入主要节目进行表演展示。调查、搜集、整理跳香民俗文化的专家、学者及相关人士也越来越多，各种版本的苗族跳香研究文章在报纸杂志上刊登发表。各级领导的重视程度进一步加强，文化部门责无旁贷承担起跳香的挖掘、保护、传承职能。2003年，芭蕉坪村举办"三月三"挑葱节，跳香祭祀首次引入节日活动之中。至2018年，梁家潭乡（现属洗溪镇）共举办了13次"三月三""六月六"苗族节日活动，跳香祭祀和跳香舞成为民族节日活动中的民俗文化表演压轴节目。与此同时，吉首市排吼乡（现属太平镇）文化站在该乡芭蕉村挖掘整理了跳香种五谷仪程中的"唱古情"（又称为唱神灵）环节。"唱古情"以一年12个月为序，每月一首歌，每首4句，由老司领舞领唱，香众围着老司在锣鼓声伴奏下载歌载舞。由于老司唱完最后一句时，香众紧随其后齐呼"喜傩欢"，故以此取名，并成功申报湖南省非物质文化遗产保护项目。小章乡乡村教师王峰云挖掘整理了跳香发童子仪程中"打童子"环节的武术表演十三套动作，将一年十三个月（含闰月）农事动作升华为武术动作，取名"童子锤"，也申报为县级非物质文化遗产保护项目。由此，民间香殿一时得到恢复和重建，跳香祭祀活动也越来越多，跳香得到了充分保护，并上升到非物质文化遗产保护和传承的层面。

跳香节中的跳香舞

第三章

跳香人员与场地祭品

第一节　跳香人员组织与安排

一、跳香组织结构

在跳香祭祀活动中，其基本组织形式由老司、头人、香头、香众组成。老司主要负责主持祭祀活动，与神祇打交道，而头人和香头是与香众和村民打交道。头人是跳香活动的组织者，由村寨里的成年人担任，不分男女，主要承担村寨跳香活动日期确定、组织和联系主持香坛祭祀的老司等事宜。香头由村寨一户或数户户主担任，一年一换，轮流担任。其主要职责是按照头人的安排，到每家每户收取跳香活动所需费用，采购各种物资，准备五谷、祭品、道具，确定和落实跳香活动帮忙人员等事宜。香众则是村寨的村民，至少必须是一户一人参加。头人是跳香活动的领导者，老司和香头属于领导班子成员，香众属于工作人员。只不过这种组织形式是松散的，只有举行跳香活动时才形成，才发挥作用。

一场跳香祭祀活动所需资金、物资，以如今物价计算，至少为1万元。这些资金、物资由头人造好预算，按类别给各香头分配任务，向香众和村民化缘筹集。香众和村民对此毫不吝惜，有钱出钱，无钱出物。在活动中，头人、香头及香众是不拿任何报酬的，纯粹为义务性质。而老司在祭祀活动中不管误工多少，也只能收取适量利是。

二、跳香人员构成

在将军殿举行跳香祭祀活动时，所需人员至少要安排100人。而在其他香殿举行活动时，因不需要牲灵供品，不表演上刀梯、踩火犁法术，则人数可以减少，但也需要90人左右。以下按照武跳香（在将军殿举办）活动计算人员。

（1）香头。根据村寨大小和香殿规模确定，少则3人，多则5人，其中有一个是召集人，即头人。

（2）红衣老司。少则3人，多则香殿附近的老司都参加，无论老司多少，主祭只有一人，其余均是副祭，其中有2人头戴傩面具装扮成土地爷、土地婆。

（3）香众。香女一般为40人，其中12人或24人负责端盛有供品的托盘。男香众中，抬游船、钉桃符、贴纸符4人，抬猪抬羊4人，烧犁口1人，烟火2人，管坛2人，其他人员5人。如果表演上刀梯、踩火犁法术，则还需要搭刀梯人员6名。除上述人员外，村寨所有男女老少都参加，少则数十人，多则数百人。

（4）童子。根据跳香规模大小确定，一般4～6人。

（5）吹奏乐队。长号至少2把2人，多则8把8人；唢呐少则2把2人，多则4把4人。

一场跳香活动，需香女数十人，端供品及帮唱

跳香中的吹奏乐队

（6）打击乐队。1人司鼓，1人敲锣，2人打钹，1人敲胎锣，1人敲包锣，共计6人。

（7）傩面舞队。按照一年12个月习俗的规定，需要12人头戴面具组成傩面舞队。

跳香中的打击乐队

跳香中的傩面队伍

三、跳香队伍安排

（1）跳香行进序列。从村寨出发至香殿或跳香坪场，顺序为长号、唢呐、打击乐队、老司、头人及香头、抬游船队、抬猪羊队、童子队、香女队、傩面队、香众队伍。

（2）香坛队伍布局。进入香坛后，长号唢呐队成斜排站立在香坛两侧，打击乐队在香坛外侧。列队排序依次是老司、头人及香头、童子队、香女队、傩面队、参加祭祀香众。在锣鼓声、长号唢呐声中，头人及香头和管坛人员协助老司先摆放猪羊，然后老司依次从香女手中接过托盘供品，交给管坛人员，置放在坛内各个位置上。游船则放置在香坛大香炉正面，底下为一个盛有水的脸盆。

（3）其他人员安排。烟火燃料选用稻草或能造成烟雾的物品，负责烟火的人员在香坛后侧正中燃烧烟火。烧犁口安排在香坛一侧，以观众能够见到的地方为宜，同时又便于老司操作。如果举行上刀梯巫傩技艺，则需提前一天搭好刀梯架子，刀梯位置根据坪场情况而定。

第二节 跳香场地与香坛设置

跳香祭祀活动分为室内祭祀和敞坪祭祀两种，室内跳香祭祀活动主要在跳香殿举行，敞坪跳香祭祀活动主要在村寨比较宽阔的坪场进行。

一、香殿

所谓香殿，即跳香殿，又称上司殿，是一种砖木结构建筑物，内供神像，前有坪院，用于举办跳香祭祀活动。

（一）香殿分类

根据主祭对象不同，跳香殿可分为玉皇殿、梅花殿、将军殿、丰登殿四种。除丰登殿只用于跳香祭祀活动外，另外三种香殿也可兼用举办其他祭祀活动。

跳香殿之玉皇殿　　　　　　　　跳香殿之梅花殿

玉皇殿为供奉玉皇大帝之殿。传说玉皇大帝姓张名有人，道号自然，上界神王。坐位于东胜神洲八年，南赡部洲八年，西牛贺洲八年，北俱芦洲八年，计三十二年，在白鸟台前补坐一年，共奉三十三天主，高上玉皇尊，名为三十三天。现在信仰的玉皇大帝一般是取了民间传说中姓氏、道教信仰中诞辰、人间帝王形象而融合为一体的至尊天神，庙宇中供奉的玉皇形象就是这种融合的产物。玉皇殿内一般设玉皇大帝、王母娘娘、骑龙、跨鹤、风神、雷神、电神、雨神等神像。这类香殿比较普遍。

梅花殿是为供奉玉皇大帝和五谷神所设立的香殿。殿堂用梅花瓣图案装饰，故名。殿内一般设玉皇大帝、王母娘娘、五谷神神农氏、骑龙、跨鹤、风神、雷神、电神、雨神等神像。

将军殿是为供奉以黑龙菩萨为主所设立的香殿。殿内一般设玉皇大帝、王母娘娘、五谷神、黑龙菩萨等神像。黑龙菩萨是明洪武帝朱元璋义子沐英，沐英是明朝征战有功之臣，并且保护百姓，其队伍对普通民众秋毫无犯。在香殿中设其神像的目的，是祈求保护人们行船、跑马、征战顺利。也有的将军殿将三大王爷神像置于其中供奉。

丰登殿是为供奉以五谷神为主所设立的香殿。殿内设五谷神为主神，同时供奉玉皇大帝、王母娘娘等神像。

上述香殿除了将军殿是"荤殿"之外，其余均是"斋殿"。在将军殿跳香需要猪羊牲灵祭品。

（二）香殿设置

香殿一般都是坐北朝南，为砖木或木质结构，分为正殿、偏殿、地坪三大部分，并以山墙围院。正殿根据地形而定，面积最小的30平方米，大的有80平方米以上。香殿正殿中设有神案，神案正中供奉着玉皇大帝、王母、或傩公傩母，梅花殿加设五谷神神像，将军殿加设黑龙菩萨神像；两旁是风雨雷电神、四大金刚、骑龙、骑凤、骑虎、骑鹤等14位神祇；神案下设有一直径30厘米、深50厘米，专门用于埋设五谷坛子的祭祀洞。五谷种子一般用陶质坛子盛装，这种坛子叫"回阳罐"或"还阳罐""还魂瓶"。在没有专门陶质坛子盛装五谷的香坛，则以其他瓶罐、碗钵替代。偏殿15平方米左右，主要是用于物资储藏和作为香众跳香完毕后的餐饮场所。地坪也是根据地形而定，狭窄的至少有20平方米，宽敞的在50平方米以上。在香众较多的时候，正殿容纳不下，就站在地坪上参加跳香祭祀活动。

二、敞坪

在没有香殿的村寨，跳香祭祀活动在村中地势宽敞平坦的敞坪进行，举行前必须先在堂屋设案起师打筶。

（一）堂屋起师

敞坪跳香祭祀需在老司或头人家中堂屋起师。在进入敞坪跳香之前，老司要在堂屋安设香案。如果在头人或香头的堂屋设香案，则在祖宗神龛位正面左侧（习惯称为东方）设置，避开祖宗神龛。在老司家堂屋设香案则直接在神龛下的方桌设置。香案主要设置傩公傩母神像，香米利是，豆腐、糍粑等供品。同时，放置老司祭祀用的神具等。完毕后，进行一番祭祀，老司燃烧香纸，奠酒，起诀作法，奉请祖师，通过打筶方式祈求祖师恩准举行跳香祭祀活动。阴、阳、神三种筶象打得以后，证明祖师已经恩准行跳香祭祀活动。然后老司将傩公傩母神像和祭祀神具以及祭祀物品分别放入12块木制托盘内，交给12名香女端着。在老司带领下，祭祀队伍一路吹吹打打进入跳香敞坪，开展跳香祭祀活动。

（二）香坛设置

跳香敞坪需要设置香坛，老司和助手会提前一天按照布局设置好。在敞坪的香坛神案布置上，香坛正中置3张八仙桌，两侧根据供品数量各置放4张小方桌，八仙桌四周留出2米空间，便于老司开展祭祀活动。正中八仙桌上安放傩公傩母神像，傩公傩母是头部为木制，身体为竹制，身上着彩衣的半身神像。傩公伸像面部为红色，这与苗族流传的"兄妹结婚成为人类始祖"的民间传说有关。设置妥当后，在傩公傩母神像头部盖上老红色织锦，摆上三尺六寸青布、两双布鞋，神像肩上搭一条毛巾。傩公傩母神像前面设置香案，放置小香炉一个（一般用木升子做香炉），两侧安放蜡烛一对，其余空位让老司摆放祭祀用具。两侧大方桌上陈设各种木偶神像和供品，另两张放置用木盘盛着的五谷菜蔬等供品。小方桌外侧正中设一个大香炉。香坛的香案正中即傩公傩母神像背后悬挂一块写有"香"或"傩"

或"祭"字的黄色大旗，背景及两侧布置13块布制天神画像，其中正中为三清三尊等5块画像，左右各布置4块天神画像。黄色大旗后面是烧烟火的地方，在祭祀活动中根据跳香程序需要制造烟火。香案四周插满傩字旗和香字旗，整个香坛烟雾缭绕，庄严肃穆，充满着神秘感。

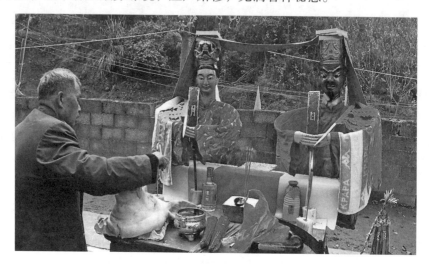

布置敞坪香坛

第三节　跳香祭祀物品

跳香活动需要准备数量众多的祭祀物品，包括敬奉在香案前面供神灵祖先享用的食品、酒水等供品，悬挂、摆放在香殿敞坪四周的祭祀用品以及在祭祀活动中需要运用到的各种法事道具。

一、香坛供品

在跳香祭祀活动中，供奉在香坛香案上的祭品需根据活动规模准备，计有猪羊牲灵和12盘或24盘供品。

（一）牲灵

牲灵祭品为去掉内脏的整猪整羊各一头（只），也可用猪羊的头及其四蹄和尾巴代替。其作用是让神祇知晓香众的虔诚之心，也让各位神祇享用。活雄鸡2只，用于推送扫瘟、点血解煞、烧游船送瘟以及祭祀送神归位完毕后的香坛扫场。猪羊牲灵祭品只用在将军殿跳香，属于武教跳香。玉皇殿、梅花殿、丰登殿是斋供，属于文教跳香，除雄鸡外，不需要准备牲灵祭品。

（二）五谷

五谷，古代所指主要有两种：一种指稻、黍、稷、麦、菽；另一种指麻、黍、稷、麦、菽。随着社会经济和农业生产发展，五谷概念也在不断变化，当一种作物退出粮食作物范围之后，又有一种作物加入。明代，苞

五谷祭品

谷传入中国，也进入粮食作物的行列。后以五谷为谷物的通称，不一定限于五种。在跳香活动中，香头准备五谷种子各2～4斤，一般为稻谷、苞谷、粟米、黄豆、小麦或稻谷、苞谷、粟米、黄豆、棉花籽，通常选择村民习惯性种植的作物。五谷选好后各放置在1个木制托盘中。

（三）食蔬

豆腐24块、糍粑36个设置一个托盘，五色糖3～5斤、水果12个设置1个托盘，根据时令选择蔬菜多种设置3个托盘，作为供品，敬奉给神祇。

（四）其他

青色或黑色棉布3尺6寸、毛巾2条、布鞋2双，设置1个托盘；纸钱6斤

（根据需要安排），香10把（根据需要安排，其中高香3支）、大蜡烛1对、小蜡烛99根、茶油2斤、灯芯数根、酒1瓶，设置一个托盘。布、毛巾、鞋奉敬给傩公傩母，让傩公傩母受用。香纸用于香坛焚烧，高香插在大香炉内，小香除用于香坛焚烧之外，每名香众在跳香时各持一根。香烟缭绕，奉送三界诸神，即上界云府高真、中界岳渎威灵、下界水府仙官。希望神祇收到香纸（冥币）之后，给香众、村寨带来福禄和平安。酒主要用于给神祇敬奉，祈求富贵平安。大蜡烛点燃摆在香案正中，小蜡烛插在香坛两侧，远望香坛，烛光闪闪，既庄严又神秘，使人望而生畏。茶油倒入香案傩公傩母正面设置的香米升子上的碗里，用灯芯点燃。蜡烛灯火为神祇照明。

上述供品如果数量多，则按供品种类分装成24个托盘。

二、法事祭品

（一）游船

游船用稻草扎成，一艘游船长120厘米、宽30厘米。游船用于祭祀活动中的推送扫瘟，最后在溪流边作法焚烧，表示随水送走五瘟邪气。游船必须用稻草编成，送瘟神才送得脱，送得走。

游船桃符

（二）桃符

将樱桃树杆砍成长5寸、宽2～3寸、一指厚的小块，下端削成尖型，中间画符写上"吾奉敕令煞"符字，即为桃符。一堂跳香祭祀活动少的需要桃符36块，多的需要240块或360块。制作桃符需选择山中樱桃树。在确定跳香祭祀活动日子的前几天，头人先到距离村寨四五里的山上选好樱桃树种。砍樱桃树的人在跳香那天凌晨鸡叫狗吠之前吃饭，饭后立即出发，天未亮就去砍。因为桃符是用来断瘟扫邪的，要到远处的山林中去砍，并且不能听到鸡叫狗吠，据说这样才灵验。

（三）符箓

符箓源于巫觋。《后汉书·方术传》载："……善为丹书符劾，厌杀鬼神而使命之。"符箓样式主要有四类：复文，多数由二个以上小字组合而成，少数由多道横竖曲扭的笔画组合成形；云箓，模仿天空云气变幻之形状或古篆籀体而造作的符箓；灵符、宝符，由更为繁复的圈点线条构成的图形；符图，由天神形象与符文结为一体的符箓。

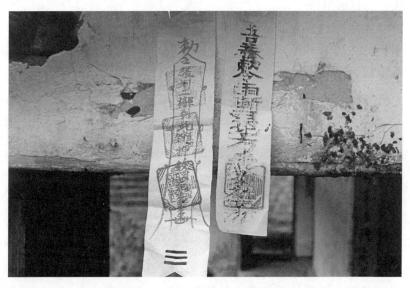

符箓

在巫傩法事中，符箓的使用非常广泛。用于为人治病的，将符箓烧化后溶于水中，让病人饮下；或将符箓缄封，令病人佩带。用于驱鬼镇邪的，将符箓佩带身上，或贴于寝门上，或压在枕头之下。用于救灾止害的，将符箓投于河堤溃决处以止水患，或书符召将以解除旱灾等。作斋醮法事离不开符箓，或书符于章表，上奏天神；或用符召将请神，令其驱鬼扫邪；或用符关照冥府，炼度亡魂。跳香时，在跳香香殿整个坛场内外张贴、悬挂各式符箓。

（四）疏文

凡是敬奉神佛，祭祀天地、先祖的文函都属于疏文。疏文是以文字形成的章表文函，是沟通仙凡之间的桥梁，是供奉神灵、敬奉天地、祀奉法祖的正式文告。

疏文亦称文疏、表文、奏文等。疏文的书写格式、文字编排都有严格的规范要求，其内容语言也比较严谨。更要注意写清楚神仙的宫阙与其圣号，二者必须相合。每一种法事都使用疏（表）文，因此疏（表）文的种类繁多。常用疏（表）文主要有三大类：迎神请神专用疏文、祈福疏文、超度疏文。

跳香祭祀法事的疏文十分严谨，要做到文辞朴实简练，辞质而不文，朴而不秽，实而不伪，直而不肆，辨而不烦，清而不浊，真而不邪，诚则感动天地鬼神，衔上天曹，以期得到良好报应。书写的人必须通达经典科仪，明晓申表格式，书写恭敬，不可亵渎神灵。写文奏表须用黄纸，"当用洁净纸张，残坏油污之墨迹上者不纳"。同时，书写时一般都在老司家堂屋内进行，凌晨时分书写，由一人进行。关上大门，不让外人进入观看，鸡犬不能入室，不与外人搭话交谈。书写中，不能使笔画分裂或遗漏脱误。疏文天地格式应该注意"祖师（天尊）圣号不能落脚；弟子称臣者不居头，鬼字不居首，也不得悬生露死，抽破人姓名。字的大小要求为二或二分半，最后的年月向左空三格。而牒文的文字大一些，如若任意大小不成款式"。给祖师上表，写天尊圣号须落在黄道之格，从"今据"开始，选择黄道日落笔。《灵宝玉鉴》："章表奏申关牒符檄，又必假天府之印，以示信也。印则各有师传者，欲天地神祇人鬼知所行之法，有所受之也……无施而不可也。"写好的疏文最后盖上印。文疏宣读完毕后焚化。现在所用疏文均是照抄旧时流传下来的原本疏文，只将相关内容进行修改。跳香祭祀活动中的疏文有"调香祈福辞禳酬恩赛愿疏文""船引一道疏文"两种。前者在上疏时由香头念奏，老司负责焚化；后者在送游船除瘟时，由老司念奏随香纸在游船中焚化。

（五）吊笺、对联

吊笺，在不同地方有不同称呼，如挂笺、挂签、喜笺、红笺、门吊、吊千儿等。吊笺一般用红纸或彩纸剪刻而成，呈长方形，镂空的背饰有方孔钱纹、万字纹、水波纹等，上有吉语题额，中有吉祥图案或福禄寿喜等字，下有多种多样变化的穗。其主要有两个用途：作为新年节物贴挂在门楣上；作为祭祀用品悬挂在祭坛四周。吊笺张贴，一门5张，颜色各异，贴于门楣，由左至右次第为头红、二绿、三黄、四水（小红）、五蓝（或紫），形状为长方形，由膛子、边框、穗子三部分组成。膛子分两大类，其一由花卉、鸟、凤、兽、虎等纹样组合，其二由文字组合，如"年庆有余""福"等。福字是门笺中出现最多的字符，门笺中间为镂空福字，周围分别由万字纹、鱼纹、水波纹、花瓣纹、蝙蝠纹、孔钱纹、菱形纹、网格纹等组成，千姿百态，异彩纷呈。吊笺始终演绎着避祟驱邪、纳福求祥的内容。

吊笺与对联

泸溪县跳香香坛所用吊笺由踏虎凿花技艺制作而成。踏虎凿花，是泸溪县特有的民间传统手工艺，因起源于该县踏虎村而得名。踏虎凿花剪纸不是用剪刀铰出来的，而是用刻刀凿制完成的，多用于绣花底样和庆典、祭祀活动中装饰品。踏虎凿花以其独特的民族特色、鲜明的艺术个性、精湛的工艺技巧饮誉国内外，被列入中国第一批国家级非物质文化遗产扩展项目名录。

在香坛布置中，需要张贴许多祭祀对联，既有喜庆之意，如同过节一样，又有对神灵庄重之意。常用祭祀对联有："香缘平安字，烛开宝贵花"；"清香清茶清果品，敬天敬地敬神明"；"叩谢天恩祈五福，酬神还愿获三多"；"合众诚为心诚敬，乃所愿答前恩光"；"精诚不竭香千缕，覆载无私福自臻"；等等。

（六）利是

利是又称利事、利市、封包，相当于现在的红包，带有本少利多的意思。元代《俗谚考》："为了吉兆，要向主家讨个利市。"在跳香等法事中，香头或主家安排送给老司的利是根据闰年、平年及物价和货币升贬等因素决定。现在摆放的一般利是为平年120元或240元，闰年130元或260元。开坛时，由香头负责将利是卷成圆形插在小香炉内侧。在各种巫傩法事活动中，老司是不拿工资报酬的，主人只好摆放利是，将此作为老司之误工报酬。

第四章

跳香饮食和服饰

　　跳香祭祀活动香众的饮食主食是大米饭，菜肴以素为主。在将军庙举行的武教跳香祭祀活动，用猪作为主祭品，因此，可以食荤。糍粑和豆腐既是主要祭品，又是主要食品。跳香祭祀活动形成了传统独特的美食和饮食文化。

　　跳香祭祀活动香众的穿戴均为家织布（苗族）服饰，女性为编襟上衣加数纱麻裙，男性为对胸便衣，男女均头戴数纱头帕，裤子为青色。这种服装在湘西州称为"吉泸式苗服"，是跳香祭祀必着服装。

第一节 饮 食

一、米饭

米饭有甑子饭和锅子饭两种。一次祭祀活动有上百香众参加，则要用木甑蒸饭，才够供应。香众不多的祭祀活动则用锅子煮饭。

甑子饭是用木甑蒸制而成。甑为木制，呈桶状，高约80厘米，直径约50厘米，底部为条形漏板，用竹篾编成的隔筛隔开。蒸米饭时，在甑顶部铺一块细白布，用于调节蒸汽，使甑里米饭均匀受热。蒸出的米饭晶莹剔透，颗粒分明，吃来喷香爽口。

锅子饭又称神仙饭，是用锅子煮出来的米饭。煮神仙饭时，先在铁锅里倒入适量的水，猛火烧开，然后把淘洗好的大米像仙女散花般均匀洒入锅中。米粒煮至六成熟时，将多余的米汤滗出来，留作泡锅巴，盖上锅盖，用干净麻布或湿纸巾密封好木锅盖周边。然后退去灶膛大火，以小火慢慢加热，待闻到米饭的香味时，退完灶膛余火，焖半小时即可出锅。这种煮饭方法使锅底形成大量锅巴，铲出米饭，留下锅巴，倒入米汤，煮开了即成锅巴粥。这种柴火饭很受食客青睐，认为只有神仙才能够享受，因此被称为神仙饭。

二、香糍粑

糍粑在跳香祭祀活动中是不可缺少的供品，也是香众的主要食品，故称为香糍粑。糍粑主要原料是糯米，经过手动打制而成。苗族地区人们逢年过节、喜事甚至丧事和祭祀活动都要打糍粑。当然，不一样的事，打糍粑的意义也不一样。过年糍粑主要是代表团圆节庆，也是春节期间的一种美味食品。祭祀活动上的糍粑主要用于祭祀祖先鬼神，兼食用。喜事糍粑有多种，贺新屋上梁糍粑形如包子，订婚拜年认亲糍粑一般有大碗口般大，有的如脸盆般大，主要体现男方订婚诚意。丧事糍粑主要是仪式性质，更多的是对亡故者表达敬意。

　　打糍粑工序主要有四道，即泡、蒸、打、拧。泡是取山泉浸泡糯米，历时一晚，滤干水；蒸是把浸泡好的糯米放到木甑里蒸熟；打就是把蒸好的糯米倒入圆形石臼，由1名或2名男子手执木槌往石臼里舂击，舂到糯米饭胶黏成团，看不到饭粒时，将糯米团从石臼取出放在糍粑板上；拧就是把舂好的糯米团拧成一个一个的圆球形，用双手挤压成薄饼状，打糍粑工序完成。

　　用于跳香祭祀的糍粑除按常规做成圆饼状外，还要做成狗、牛、猪、羊、龟等形状。如团鱼糍，即将糍粑捏成团鱼形状，表示年成风调雨顺，村寨清吉平安，家庭团团圆圆；门闩糍，将糍粑捏成门闩形状，表示家家户户晚间门闩禁闭，瘟神无机可乘，家人无病无灾；仓底糍，将糍粑捏成谷仓形状，表示年年无病虫灾害，五谷丰登，谷仓盛满，人们衣食无忧。

打香糍粑

三、香豆腐

　　豆腐是跳香祭祀活动中的主要祭品，又是香众饮食主要菜肴。因是跳香活动中的主要菜肴，又只能用香棍插着吃，故称为香豆腐。

　　常见豆腐有多种，制作出来口感不一样。生膏豆腐煲汤或油煎，口感清香细嫩，熟膏豆腐煎食更具有一种回香滋味。跳香祭祀活动所用豆腐为熟膏豆腐，即将石膏烧熟后做卤水制作而成的豆腐。

　　豆腐制作方法是将浸泡好的黄豆磨成豆浆，放在大锅里熬煮，直到熬开，停火过包，使豆渣和豆浆分离。在作坊吊一个十字架，将一块方形豆腐包布吊在十字架四个角上，形成大网兜。将熬开的豆浆一瓢一瓢地倒进豆腐包布中，抓住豆腐包布两端不停摇晃，使纯豆浆从豆腐包中漏下来，流到大缸里。最后用夹板夹住豆腐包布中剩下的豆腐渣，将残留的豆浆挤净。做豆腐时，豆浆放在大缸里稍凉后，将盛在碗里的石膏水慢慢倒入在豆浆中并用勺子搅拌，当豆浆变化成嫩豆腐与清水分离的状态后，先在木框里放一层豆腐包布，用豆腐瓢将豆腐花搅均匀，用瓢将豆腐花舀起轻轻地均匀地泼在豆腐包布上。如果没有豆腐框，则

做香豆腐

用竹筛铺上湿细纱布，将豆腐花舀起盛入竹筛内。豆腐花盛好后盖上豆腐包布。上面盖木板，压石头，压挤水分，豆腐花在包里承受重压，逐渐变成干豆腐，几个小时后即可打开食用。

四、烧酒

　　酒，是跳香祭祀活动中的必备供品，同时又是香众饮食中的主要饮品。供品以烧酒为主，米甜酒主要是供香众食之。

　　过去，很多家庭都会酿酒(俗名春酒)，尤逢过节或办喜事，均需酿酒自饮和待客。民间酿酒种类有米酒、谷酒、苞谷酒等，以米酒为主。根据酿制方法可分为甜酒和烧酒两种。

　　甜酒制法是先把上好的糯米蒸熟，然后将熟糯米晾放于簸箕中，浇上蒸糯米产生的甑脚水，待温度稍减，将酒曲与糯米拌匀，然后放入坛内密封，置入铺满稻草的箩筐内（冬天加盖棉被）发酵三天即可酿成，启盖后即可

食用。吃不完的，则可以兑水调节放置几天后变成"老甜酒"。

烧酒原料主要是红薯、大米、苞谷等，以米酒最好喝。烧制方法：把原料蒸熟，晾放一段时间，拌入酒曲，然后装入大缸中发酵三四天，取出掺入凉水或温水成为酒糟，把酒糟倒入烧酒甑大锅里，温火加热，酒糟受热挥发出气体上升，遇酒甑顶部安放的天锅受冷凝结成液体，流回锅底即成酒。糟汁均可食，其味清香可口，营养价值高。烧酒度数较低，民间有"大碗喝酒，大块吃肉"的说法，所喝之酒即指度数较低的烧酒。

五、跳香祭祀活动中的饮食文化

跳香祭祀活动与其他祭祀活动在饮食方面有一定的区别。

除米饭之外，香糍粑、香豆腐是主要食品和菜肴。武教跳香荤食也只能在祭祀活动完毕后回到村寨聚餐时食之，香殿食堂是不能直接炒荤菜供香众吃的。

香糍粑除在谢神灵祭祀舞蹈中抛给观众外，剩余的由食堂人员切成三角形，用菜油炸成焦黄色，待老司大旋场结束时与香豆腐一并食之。

豆腐在祭祀完毕后，交由食堂人员烹制。将每块豆腐横竖切成四小坨。锅内放上菜油熬熟后，添加酱油、辣椒粉、五香粉等佐料，倒上水大火烧开制成汤汁。待汤汁滚开后，倒入豆腐，继续大火熬煮。待豆腐煮成空心后，退火温之待食，即成香豆腐。

祭祀完后，在香殿用餐。吃香糍粑和香豆腐方法是有讲究的，均只能用一根香棍挑着食之。香糍粑实行分配制，香众每人至少分上一块，用一根香棍挑着吃。而香豆腐是在喝酒时互相劝（敬）着吃，每人手里只拿一根香棍，插进酥软的香豆腐里，颤悠悠地挑起来，慢慢喂向对方口中，被劝者不能用手接豆腐，只能张嘴吃了。无论是香众，还是过路人，不论男女老少都可以拿起竹筒舀酒、用香棍从菜盆里签出香豆腐来下酒。这样互相劝着吃，劝着喝，吆喝声此起彼伏，场面十分热闹，伴随着酒意将活动再度推入高潮。在酒足饭（香豆腐）饱之后，锣鼓唢呐响起，香众欢天喜地跳起跳香舞。这种特殊的饮食方法，形成了与众不同的跳香饮食文化，流传至今。

第二节 服 饰

一、衣裤

泸溪苗族传统服饰用料以家织棉布为主，辅以丝、麻，服装色彩多为乡间染坊染就。古代服饰男女差别很小，上身均穿青或蓝色满胸衣，女性下着百褶裙，男性为大筒短裤，头蓄长发，包花帕，脚着船形鞋，佩以各种银饰。

清雍正年间"改土归流"，朝廷令"服饰宜分男女"之后变化较大。"六堡后山"苗族，妇女上衣无领，衣身长而大，衣袖宽而短，右开口为偏襟，缀布纽扣五颗，有胸襟式和挑花式两种款式。袖口与偏襟边绣花或数纱镶边点缀，腰系花带和围裙。裤子裤脚大，裤脚口有花边装饰，穿船形绣花鞋。男子衣饰较为简单，大都着对襟衣，衣扣一般为七颗，也有着偏襟衣的。衣袖长而小，裤筒短而大，喜包青色裹脚。衣服颜色有纯白、花格、青白相间、全青、全蓝等多种。其中，纯白布衣主要是夏季着装。"改土归流"后，泸溪苗族衣着十分朴素，少有绣花，且以素色衣服居多，冬天穿纯蓝色，夏天则穿纯白色的衣服，女性加穿数纱麻裙。苗族青年平日便以单衣为主，冬天很少穿棉衣。一般叠穿两三件上衣。每逢节日或赶场，为了显其富有并获得异性青睐，有的青年便套穿上六七件上衣。扣布扣时亦有讲究，从外到里第一件扣最下面的一颗扣，第二件扣最下面的两颗扣，依此类推，七件衣裳尽显风采。

而讲"乡话"的仡胸苗族服饰，旧时女性上衣为矮领，满胸，长襟，衣边边襟袖口镶"栏干"（花边），裤长筒大，大都不装缀，只有青年女性的裤子缀栏干。男性上衣多为对襟，有五或七颗布扣，裤短筒大，上用白布连接，与"六堡后山"苗族男性裤子无异。

20世纪70年代起，随着经济社会发展进步和对外交流增多，苗族服饰受汉族潮流服饰影响较大。缝纫机的出现使制衣不再以纯手制加工，年轻一代已改着时装。1984年，国家对少数民族地区实行"两棉"赊销政策，各种现代布料进入市场，服装成品增多。经传统种植的棉花加工的家织布逐步退出历史舞台。此后，除了部分女性还戴着数纱头帕外，泸溪苗族服饰已与全国时装一样。

进入21世纪，随着国家对非物质文化遗产项目保护利用和农村文化事业发展的重视，各级党委、政府和民族、文化工作部门通过恢复民族传统节日等方式振兴和繁荣农村文化生活。由此，苗族民俗文化在农村文化生活中得到恢复发展，传统服饰得到恢复和开发。2008年起，这些服饰由古代的常着服装演变为村民参加民俗文化节庆活动的必着服装，成为"三月三""六月六""跳香节"等传统节日必不可少的穿戴。泸溪县苗族传统代表性民族服饰，被服装专家称为湘西"吉泸式"苗族服装。

湘西吉泸式苗族服饰

二、头帕

头帕是泸溪苗族人民装饰头部的主要饰物，也是与其他民族以及与其他地区苗族服饰相区别的重要标志之一。新中国成立前，泸溪苗族姑娘习惯于留满发，梳一条长长的辫子，上扎彩色布结，戴数纱头帕。婚后则把长发盘成"粑粑髻"，套青丝发网，别上发簪等银饰，再包上青丝头帕或数纱头帕。数纱头帕女性包戴方式是额头花面横戴，男子包戴方式是额头花面呈人字格交缠。头帕有青帕和数纱白帕两种，男女都戴，老年男性戴青帕居多，青年男性戴数纱白帕居多。未婚和已婚女性戴帕种类不同，未婚女性都戴数纱白帕，已婚则以戴丝绸头帕为主，这是男方送的订婚彩礼之一。

老年妇女也多带丝绸头帕。与衣裤一样，数纱头帕也是采用家织布制作，一般长4～5米，一根头帕有四个对称的不同数纱图案分布在布料两端。这些装饰图案达数十种，绣制图案是苗族妇女最

数纱头帕

擅长的传统工艺之一。它以十字为基本针法，没有统一图案，不用草稿，也不打样，只依照同样数纱头帕图案做本，在家织白布上挑织而成，独具风韵。

讲"乡话"苗族头帕与"六堡后山"苗族头帕区别较大。讲"乡话"苗族头帕有两种，一种流行在沅江流域，女性用宽35厘米、长0.6～1米的白布或蓝布做头帕，一般是两头挑花并用红白相间的三角形锁边，四角绣角花，靠近角花横贯头帕的为腰花。角花花样多以凤凰、牡丹或松叶为主，腰花多以太阳花、松叶花为主。头帕包裹很有讲究，中老年妇女一般是两头相交，两角挤进头顶，近似于帽子状；青年妇女则留出额前刘海，拉出两个带花的尖角，一上一下，花突出在脑后两侧，别有韵味。男性大都不戴头帕。一种是"六堡后山"苗族头帕，与县境其他地区苗族头帕基本相同，都是长头帕，不同的是在用料上采用青或蓝色家织布为底，用五色丝线按照数纱方式挑花构制，式样独特。男性都带青色头帕或数纱头帕。

三、麻裙

麻裙又称围裙，是苗族妇女用以围胸的一种服饰，除用于防止衣服弄脏外，还有对上衣的装饰作用。围裙多是满胸，青色或蓝色为主，按照上衣正面裁剪，布面用数纱方法挑织图案，多为数纱头帕上的花样，也有的将数纱头帕上花样枝节在围裙上放大挑织成图案。围裙比上衣略长。也有的采用短围裙，短围裙不用数纱方法挑织图案，是采用绣花方法依样本绣成图案。"六堡后山"苗族围裙以数纱为主，沅江两岸讲"乡话"苗族围裙以绣花为主，图案只绣在围裙上部。

四、首饰

苗族妇女首饰造型精美，种类繁多，以银饰最为普遍。从佩戴的部位分，有银帽、凤冠、耳环、项圈、手镯、戒指、牙签、扣绊等，而以手镯和戒指必须常戴。从造型上分，仅耳环一项，就有瓜子吊耳环、石榴耳环、梅花针耳环、圈圈耳环、龙头耳环、梅花吊瓜子耳环、粑粑耳环、龙头瓜子吊耳环等。清代"改土归流"后，泸溪苗族女性佩戴的首饰没有凤凰苗族首饰复杂，除耳环、手镯、戒指外，颈部主要佩戴三股绞丝银项圈，配以吊线长命锁，表示对爱情的忠贞不渝。

五、数纱工艺

数纱又叫挑纱、挑花，是泸溪县"六堡后山"苗族和吉首市东部苗族妇女独特的传统工艺。女孩长到10岁左右，就开始学习数纱工艺。出嫁前，已达到熟练程度，进入中年，仍孜孜追求。不少中青年妇女经常穿戴数纱服饰、麻裙和头帕去走亲、赶场或参加歌会。姑娘们把自己挑织的小手帕做礼物送给心上人，以表达爱慕之情。

数纱，有别于绣花，从第一针起，所有走针引线全在布料表面挑花行针。苗族妇女自己纺纱、织布，织的布叫"家织布"，浮白色。因为手工纺纱织布，家织布不像现在机织布纱那样细匀，而是纱线较粗，经纬清晰。用家织布做头帕，长4～6米，宽0.3～0.4米，在头帕上挑各种花的图案。其工艺程序，不同于绣花。它是在一幅图案上，从图案（花样）的中心起一针，数三根纱下一针，又数三根纱下一针，依次循环。挑完整个花样后最后一针又回到中心，这就是"经三纬四"技艺。在一针一针挑数过程中，不能数错一根纱，若数错一根纱，则以后的纱数全错。因此，挑花是极细致而严格的手工工艺。挑花是不画花样的，所挑图案的花形，全在绣娘脑海中，把脑海中的花样一针一线地在头帕上挑出来，使人不得不赞叹苗家妇女的聪慧。

挑花图案有"双凤朝阳""龙凤呈祥""鲤鱼跳龙门""石榴花""阳球花""牡丹花""枫叶花""蜜蜂采花""蝴蝶戏花""鱼跃龙门"等60多种，以花草动物为主，抽象类图样为辅，人物极少。

挑花用线全部是蓝线或青线，因此头帕上的花样，线条清晰，十分淡雅，没有花里胡哨的色彩。苗族挑花在艺术上成就很高，一直受到国内外民艺专家学者的青睐，成为研究、探索的对象。它那具体与抽象兼有的艺术形式，朴实而简单的对比色彩，神秘而古老的几何图形，体现了泸溪苗族挑花工艺的独特性能。挑花成为湘西苗族图纹极具个性、内涵极为丰厚的手工艺品种和文化名片。2011年，苗族挑花被列入中国第三批非物质文化遗产代表性项目名录。

六、跳香祭祀活动中的服饰文化

20世纪60年代前，在跳香活动中，香众都必须穿戴一新，男女均包裹数纱头帕，着便衣，男性一身青色或蓝色衣裤，着千层底黑布鞋，女性衣裤以蓝色为主，上身佩戴围裙，脚穿绣花布鞋。之后，传统服饰一度退出，祭祀活动穿戴比较随便，只是老司穿戴必须按传统规定，身着红色法衣、头戴天师帽配师筳。进入21世纪，国家重视非物质文化遗产保护后，泸溪苗族传统服饰得到全面恢复与发展，并成为节庆和跳香祭祀活动的必要穿戴。不穿戴民族服饰者，只能干一些后勤工作，不得参加祭祀活动。

第五章

跳香祭祀的神灵及程序

泸溪苗族跳香敬奉的神灵有360种，主祭神祇有傩公傩母、五谷神、玉皇、王母等，其中还包括瘟神之类的不祥神祇。敬奉诸多神灵的主旨就是祈求神灵保佑，消祸禳灾。只不过瘟神之类的不祥神祇在游船造水推送解秽环节就随游船一并送走了。

第一节　主祭神灵

跳香最初祭祀的是戊氏娘娘、盘瓠等原始神祇。在历史发展进程中，老司群体认为原始神祇都是在上天的庇佑下生存的。随着道教的主宰，为使巫教有生存发展空间，他们将道教引入巫教之中，形成巫道杂糅一体的状态，所祭祀神祇也因此提高一个层次，傩公傩母、五谷神、玉皇大帝等成为跳香主祭神祇。

一、傩公傩母（伏羲女娲）

相传，傩公傩母系兄妹。在远古时期，天上下了七天七夜的暴雨，引发齐天大水。滔天洪水淹没了人间的房屋、庄稼，人畜被洪水吞噬。只有伏羲女娲兄妹藏于老君庙的葫芦之中，随洪水漂流七昼夜至西眉山上，才幸免于难。洪水消退后，兄妹从葫芦中出来，眼见人类惨遭灭顶之灾，面临灭绝的危险，心中十分焦虑。为繁衍子孙后代，重建人间美好生活，伏羲提出兄妹结为夫妻。可世上没有兄妹结为夫妻的规矩，女娲思忖多时，与兄商量以西眉山为定，焚香祷告天地神明，伏羲在山脚下焚香，女娲在山上焚香，如果两股烟雾交合，即可成婚。两人点燃香后，两股烟雾在半山相交，伏羲说可以成婚了。然而女娲不允，说出第二个条件：每人各抱一扇石磨，从东西两边滚下山去，如果二人滚到一起，两扇石磨相合，就结为夫妻；如果滚不到一起，说明无缘，就不能成亲。于是兄妹各抱一扇石磨从山上滚下，滚到山下平地时，恰好两人滚在一起，石磨也完整相合。这说明老天赞成他们的婚事，兄妹便毅然成亲，这就是后人所释的"天作之合"。之后女娲身怀有孕，怀孕三年六个月，生下一团皮囊。伏羲生气劈开，从中跳出五十个童男童女。从此，他们耕地种田、纺纱织布、生儿育女，代代繁养生息。后来，人们便奉伏羲女娲为傩公傩母，为人类始祖神。凡遇人口不安、六畜不旺、五谷不丰、财运不通、疫病流行以及其他灾难，都要许愿酬谢傩神，大都在春季祈求，秋后举行报谢法事。清陆次云《洞溪纤志》载："苗人腊祭曰报草。祭用巫，设女娲、伏羲位。"祭祀时，老司行各种法事，还要唱傩歌，跳傩舞，演傩戏，展傩技，表示对自己始祖的虔诚崇拜和敬仰。这种酬神方式统称"还傩愿"，是湘西地区苗族最隆重的祭祀活动。在跳香祭祀法事活动中，傩公傩母成为主要的祭祀神灵。

傩公傩母（伏羲女娲）木雕像

二、五谷神神农氏

五谷神即民间崇奉的农业祖神神农氏，传说五谷神教会人们种五谷和尝百草教民治病。据《拾遗记》记载，一天，一只周身通红的鸟儿衔着一颗五彩九穗谷飞在天空，掠过神农氏头顶时，九穗谷掉在地上。神农氏见了，拾起来埋在土壤里，后来竟长成一片谷子。他把谷穗在手里揉搓后放在嘴里嚼，感到很好吃。于是，教人开垦土地，种起谷子。在神农氏带领下，人们逐渐发展出了稻、黍、稷、麦、菽五谷，最终得以温饱。民间为了感恩"五谷爷"，把每年农历十月十五稻收时节定为神诞日，祭拜五谷爷。

对五谷神的祭祀，源于上古秋收时节的尝新祭祖活动。《礼记·月令》载："是月（十月）也，筑场圃，农乃登谷，天子尝新，先荐寝庙。"《荆楚岁时记》亦云："十月朔日……今北人此日设麻羹豆饭，当为其始熟尝新耳。"后来，这种习俗沿袭了下来。

在湘西苗族地区，每当秋收完毕，为了报答五谷神的恩德，苗民便在每年农历十月十五（下元节）这天，用糯米制成扁担形状的糍粑，备上三牲，挑到刚刚收割过的土地上，焚香点烛祭拜。人们认为五谷神是专管庄稼的，凡危害五谷生长的各种灾害都由五谷神管理。苗族敬奉五谷神的敬祭日期和仪式因地域而异。讲"乡话"苗族地区为十月秋收之后，用鸡、猪头到田坎上祭祀。祭时在田坎上挖个地窖，将五谷种子窖藏土中，来年送五谷神回田垄这天开窖取出，看哪类种子窖存得好，没有变质，预示当年用这类种子播种会有好收成，就多种这类作物。

跳香殿之丰登殿供奉神祇——五谷神农氏

民间很敬重五谷神，表现极为虔诚，既对五谷神行三叩九拜礼仪，更表现在日常对粮食的珍惜。比如，吃饭时桌上是绝不能掉有饭粒的，剩饭剩菜甚至洗碗水也不能与普通垃圾混在一起，要是有人把饭粒或剩菜倒进厕所，那就要遭到长辈严厉的责骂。这一祭俗在苗族地区随后演变成跳香节。由于这种祭祀活动规定须在香殿举行总祭祀，而后在香殿管辖范围内村寨分村举行祭祀，故跳香节举行时间从十月初起到十月十五日止。

三、玉皇王母

玉皇大帝的全称是"昊天金阙无上至尊自然妙有弥罗至真玉皇上帝"，又称"玉皇上帝""玉皇大天尊""昊天通明宫玉皇大帝""玄穹高上帝"。

据《高上玉皇本行集经》记载，远古时期，有个光严妙乐国，国王净德和王后宝月光老年无子，于是令道士举行祈祷，后梦太上道君抱一婴儿赐予王后，梦醒后而有孕。怀胎一年，于丙午岁正月九日午时诞生于王宫。太子长大后继承王位，不久舍国去普明香严山中修道，功成超度，经过三千劫成为大罗金仙，又经十万劫成为总执天道之神，又经亿劫终于成为宇宙共主玉皇大帝。

玉皇大帝居于太微玉清宫，统领三界十方诸神与四生六道芸芸众生，并统御神人仙佛，是三清之下、四御之上的大神。玉皇大帝在民间信仰中是众神之最，所以拜祭仪式超越三清天尊，比一般神明隆重。

玉皇大帝是道教（包括巫教）神祇。道教认为人应修性守道，清静寡欲，否则迷沦有欲，淆乱本真，不能返璞归真，与道同体，其神便入六道。道教仙真教人修炼纯阳，秽质炼化，只留一团阳气，阳气清轻上浮而属天，自然上升为仙，不在五行中，脱离阴阳二炁束缚，而不受业报轮转之苦。

王母娘娘，又称金母或金母元君，全称"白玉龟台九灵太真金母元君"或"白玉龟台九凤太真西王母"或"太灵九光龟台金母元君"，总称"上圣白玉龟台九灵太真无极圣母瑶池大圣西王金母无上清灵元君统御群仙大天尊"。在道教神仙体系中，王母是所有女仙及天地间一切阴气的首领。原是掌管不死药、罚恶的上古女神，现多传为护佑婚姻和生育之事的女神。王母娘娘在汉代时成为民间信仰中的重要神祇，这一信仰中包含的长生不老理念也迎合了巫道教对长生的追求。王母是传说中的神女，是玉皇大帝的妻子，后于流传过程中逐渐演化，成为年老慈祥的神女。相传王母住在昆仑山的瑶池，掌管昆仑仙岛，园里种有蟠桃，食之可长生不老，抑或助凡人得道成仙，在道教中地位极高，广受民间信仰。

在将军殿进行跳香祭祀活动，还要将黑龙将军（黑龙菩萨）作为主祭神祇来祭奠。

跳香殿之将军殿供奉神祇——黑龙菩萨

第二节　奉请神灵程序

据泸溪县芭蕉坪村老司张宗江所珍藏的《调香辞送酬恩赛愿总集·开坛》篇所载，跳香祭祀奉请神灵分跪香正身迎请和持香转身迎请两个程序。

正身即老司面对神坛请神，转身即背对神坛请神。请师是在没有锣鼓的伴奏下进行，而请神必须在锣鼓和唢呐的伴奏下进行，什么时候需要动用锣鼓或停止锣鼓，唢呐在什么环节吹奏或停止，都由老司用敕令（惊堂木）敲打供桌面来指挥。

一、跪香正身奉请祖师爷和主祭神祇

铺坛之后，老司开始踩九州八卦罡步、执诀、唱经请师。所请之师包括各位祖师、仙师、法师，以及已经逝世的师祖、师父，让各位前辈一同准许并保佑跳香祭祀顺利进行。请师过后，即"造圣水"。老司端一碗井水，将碗中之水熏香画诀而成为法水，然后喝下将法水喷出，表示让"天门得开，地门得亮，人民长清，鬼妖消灭，自然无秽"。《调香辞送酬恩赛愿总集》开篇请师方法是，在"抬头观青天，师傅在身边，弟子焚香奉请"的念词后，首先奉请诸位祖师爷：海仙、梦仙、法有、法能、法兴、法旺、法杰、法兵、法林、法利。并说"弟子请者不到，有传教祖师杨法启、杨法乾、杨道德、张道惠提携。提名请到，排座相请，拱手相迎，请到神坛之上，请到香盘之中、米盘之内，受香供奉"。请师打筶得到恩准后，接着奉请五谷神神农氏、傩公傩母、玉皇大帝、黑龙将军。

开坛请神

海仙、梦仙、法有、法能、法兴、法旺、法杰、法兵、法林、法利是跳香祭祀活动的祖师爷。海仙姓张，楸木坪人，其余的均姓杨，旧寨人；梦仙姓杨，是杨法启、杨法乾的祖师爷；杨法启、杨法乾、杨道德、张道惠是张启荣、张宗江父子的跳香祭祀传教祖师。这些人都是实实在在曾在世上生活过的各代跳香传承祖师，不属于神祇之类。

二、跪香正身奉请其他神祇

在奉请了主祭神祇和祖师爷入坛之后，依次正身奉请诸位神祇。念道：

奉香上请：东山圣人尊主、南山圣母娘娘、岳府会中一予金将，一百二十文武官员下坛入场。

奉香上请：五洲五殿殿上敕符、殿下敕符、敕赐通天都府云霄、五山五岳诸位神仙、年月日时四值功曹；拜请天门土地、李宇清官下坛入场。

焚香奉请：上界张天师、下界李天师、鬼谷仙人、杨救贫二大仙人、太白金星、茅山毛法兴、毛法旺、师公杨接兵下坛入场；六公师主，千千雄兵，万万猛将，五营兵马，天仙兵、地仙兵、水仙兵入场。

谨焚真香，虔诚叩拜，一心奉请：

昊天金阙至尊玉皇大帝，下坛入场……

上元一品赐福天官紫微大帝，下坛入场……

中元二品赦罪地官清虚大帝，下坛入场……

下元三品解厄水官洞阴大帝，下坛入场……

三元主宰三百六十应感天尊，下坛入场……

玉皇殿上一应诸大神仙，下坛入场……

五谷院内所属众神，下坛入场……

风雨雷电四大星君、日月星三光星君、三灾八难掌事仙官，下坛入场……

三清大道、十极高真、天下名山五岳圣帝君，下坛入场……

玉皇院上诸驾兵马、三桥王母、七十二宫花林姊妹、七娘兵马、万户总官，下坛入场……

天平正神、都府云霄、五通五显、灵官大帝、六位朝王、下坛六公师主、五姓都头、五吏领兵、左营兵、右营兵、前营兵、后营兵、千千雄兵、万万猛将、五猖兵马、铜锤铁棒兵、刀兵枪兵、驾兵步兵马兵、东方木城兵、南方火城兵、西方金城兵、北方水城兵、中央土城兵，五营兵马下坛入场……

……

三、转身持香迎请其他神祇

在跪香正身迎请上界诸位神祇后，老司转过身子对坛外站立，迎请其他神祇。念词请神：

……今日今时虚空过往远近神灵，高山大庙、低山小庙、沅江七十二庙庙庙神灵、本县城隍、本坊土地、飞山公祖、本境社庙，一应等神，下坛入场……

来神祖师、来神本师、请客先师、会客先师、纳钱解币先师、烧钱渡币先师、香炉前师、香炉后师，下坛入场……

四、入坛

将全部神祇迎请完毕后，老司发起手诀，念动口诀，打筶子，指挥鼓师在堂前播动三通迎神鼓，恭迎诸神归位，迎进宝华仙殿，酬神赛愿。将所请神祇请入坛内就座安位，并祈求护佑法事顺利进行。

入坛时，老司念道："……各位神灵护助弟子今日来到××村××殿前，带领通寨信士户主，播动通天锣鼓，吹响长号唢呐，焚香叩拜，虔诚皈投。虔备斋粑豆腐、五色糖果、净茶清酒，凡供礼仪，乞求上界众仙光降法筵、下界众神降临法坛，纳受一切信礼凡仪，恭望垂怜。"

请神环节中，老司每请一位神仙必边唱边舞，搬出这位神仙的木制偶像。这些偶像神态安详端庄，高25～40厘米，或端坐，或骑马，或站立。跳香所祭之神，有一部分为道教和佛教的神祇。

在场与场之间，老司都要进行"旋场"。旋场时，老司随着打击乐的节奏双脚在原地旋转，旋转的速度时慢时快。

第六章

跳香的基本内容和仪程

第一节 基本内容

由于农耕文化的发展和经济的繁荣，跳香仪程由初期的单纯求神逐步发展演变到酬神、送神、娱神全过程，融进了道教、佛教的相关内容，逐步走向成熟。跳香的开坛、申法、种五谷、发童子、大旋场五大仪程可概括为祈神、酬神、送神、娱神四大内容，也可说是四个阶段。

第一阶段：祈神。祈神即祈求神灵降临香坛，给人们消灾送福，期望得到神灵保佑。具体体现在开坛、申法仪程之中。

第二阶段：酬神。酬神即答谢神灵，感谢神灵赐予五谷丰登、六畜兴旺、人们安康。具体体现在种五谷仪程之中。

第三阶段：送神。送神即敕符造船、造水架桥、推送扫瘟。通过请疏文、推送、游船等方式送走瘟神及不良之神，使村寨清吉平安。在跳香大旋场最后环节也要举行送神仪式。跳香结束，老司念动咒语送走全部神祇，然后用雄鸡扫场，证明法事完毕。具体体现在申法、发童子、大旋场仪程

跳香娱神娱人——撒五谷

之中。

　　第四阶段：娱神。娱神即指人们通过祭祀、舞蹈、武术、声乐等取悦神灵，娱神既是祈福，也是致谢。汉代王逸在他所著《楚辞补注》中说："楚国南郢之邑，沅湘之间，其俗信鬼而好祠，其祠必作歌乐鼓舞以乐诸神。""乐诸神"即娱神，具体体现在种五谷和大旋场的仪程之中。

一、唱土地

　　土地赐予人类万物，人们离不开土地，跳香祭祀内容之一就是农耕祭祀。因此，在跳香祭祀种五谷仪程中，专门设了一节"唱土地"表演。一位老司和一位香女装扮成土地爷、土地婆，以土地腔调和山歌调演唱农事，以诙谐的对话讲述农耕活动。在唱"十二月农事歌"时，香女以舞蹈形式表演农事动作，通过表演来感谢土地对人类的恩赐。唱土地因此成为跳香祭祀活动的重要环节。

（一）来源

　　土地承载万事万物，人们吃的靠土地，用的靠土地，所有的幸福都源于土地，没有土地就没有一切；所有灾难也源于土地，怠慢土地就会引起灾厄。这些都被人们认为是土地神的恩赐或处罚。人们对赖以生存的土地怀有深厚情意。因此，人们对土地神十分敬奉，只要有村落的地方都建有土地庙，供奉土地神。久而久之，一些巫傩老司和民间艺人便根据人们对土地的神秘感和对土地神的崇敬，编出了"唱土地"民间艺术，既作为单独民间艺术节目在民间演唱，也将其作为跳香祭祀活动的一个内容纳入其中表演。由此，演绎出"唱土地"这一民间文化现象。

　　唱土地的最初目的就是图一个吉利，通过颂神希望家里在新的一年被赐予农业生产好收成，从土地里得到幸福。后来，人们在祭祀土地神时，从最初的祈求土地赐予五谷丰登转化为既祈求五谷神赐予衣食无忧，又祈求消除灾厄。土地神的功能向多元化发展，成了万能神。

土地公公。跳香活动中的唱土地，为的是酬神娱神

　　唱土地由演唱者装扮成土地公公和土地婆婆，土地公扮演者脸上罩一个土地爷面具，身上套一件青布长袍，手挂一根歪脖龙头拐杖。土地婆扮演者头上扎一条又长又宽的青丝帕，脸上罩一个笑脸女性傩面具，身着半长大襟镶花青布衫，手提一只小菜篮或背着一个背篓。唱土地有"唱四季土地"和"唱新春"之分。"唱四季土地"一年四季都唱，由一个"土地公"独自走寨串户演唱。"唱新春"只有在当年正月初一后有"立春"的节气才唱，如"立春"节气在头年，本年没有"立春"节气就不唱。"唱新春"由"土地公""土地婆"两人结伴踏歌而行，他们进寨挨家挨户登门演唱。唱的内容极为广泛，有就事论事，见物唱物，你问我答，相互和应。做巫傩法事的老司除了唱土地外，还将其搬进巫傩法事活动之中，作为法事的一道程序进行表演。苗族跳香的种五谷仪程涉及农业生产，因此，唱土地搬进了跳香祭祀活动之中，其目的主要是酬神和娱神。

（二）道具

　　（1）仙杖，也称为师钎。仙杖一般为桃木所做，因为民间传说桃木是驱邪的。下有一铁钎，方便插入地下固定仙杖；上有一个香把，用来插香。唱土地者走村串寨时仙杖用作拐棍，演唱时作为道具。仙杖代表的是土地演唱者的祖师爷，仙杖到了哪里祖师爷就跟到哪里，走的时候还要把演唱时仙杖插的孔用土填上踩平，如果没踩平，说明祖师爷还在那孔里待着。祖师爷没有跟来，唱土地就不灵了。

（2）小铜锣。主要用来敲打配合土地演唱，也可以用来装礼品，一般在演唱完后户主送礼品时，用锣来接。

（3）面具。唱土地者一般有几个面具。有些唱土地的一进门就把面具戴上，有些唱土地的是进门唱了一阵之后才戴上的。有两个以上面具的，表演者会在演唱的时候偷偷把面具换一下，进行变脸。

（4）筶子，即卦。是唱土地表演者用来和神通话的工具。表演者在唱土地时通过打筶子把神请来，向神灵表明来意，祈求表演事宜顺利进行，同时为事主祈福。实际上是在跟神灵提要求，通过打筶子来问神。阴、阳、神三种筶都打得，表示神灵已经答应。唱土地用的筶子由两个桃木片组成，一片上面刻有八个槛，另一片上刻有九个槛，代表八卦九宫。唱土地打筶也要打出阳筶、阴筶、神筶三种卦象后，才能进行演唱表演。

二、傩戏傩舞

傩戏和傩舞表演穿插在跳香祭祀活动中，主要出现在开坛程序中的开山傩环节和种五谷程序中的搬土地、唱古情（唱神灵）环节。

（一）傩戏

傩戏，又称傩堂戏。是一种驱逐疫鬼并带有娱乐性成分的古老巫术活动，是傩文化的主要表现形式，以驱鬼逐疫、避邪纳福、祈求人寿年丰为目的。古时，人们信仰"万物有灵"，崇拜鬼神，认为先人死后魂魄脱离躯壳而存在。为了使子孙得到祖先保佑，便请老司演唱祭奠词曲，对祖先亡灵进行祭祀。因此，逐步形成既娱神又娱人的巫歌傩舞。明末清初，随着各种地方戏曲蓬勃兴起，傩戏吸取戏曲形式，发展成为傩堂戏、端公戏。傩戏于清康熙年间在湘西地区形成后，由沅水流域传入长江流域，形成不同的流派和艺术风格，苗族跳香活动中的傩戏表演属于辰州傩戏。

傩戏有正戏、大戏、小戏三种，内容丰富，剧目繁多。

傩坛正戏。傩坛正戏是由老司在作巫傩法事过程中请神、娱神时所作的专门演唱科目。由老司一人在还傩愿、跳香祭祀的多场法事中完成，按照大小傩愿的法事程序演唱，有时与东家交流，有时与香众交流，有时与神灵交流，称之为"法事傩戏"。

傩堂大戏。傩堂大戏具备诸多舞台戏剧的基本要素，主要在还傩愿祭祀活动中表演。有专门戏本，有多种人物形象，故事情节比较完整，还具有唱、做、念、打、舞等多种表演方式。

傩堂小戏。傩堂小戏又称作折子戏，一般有两三个人物，情节独立，单元表演。表演情节灵活多变，即兴表演内容多，普及性强，人们容易接受。傩堂小戏有两种表演形式，一种在舞台上表演，一种在傩坛唱"坐堂戏"。傩堂小戏除了用"打傩腔"外，还吸收了本土的民间小调。

傩戏表演时，演员戴巫傩面具。其行当角色以生、旦、净、丑四行为主。傩戏艺人多为老司，剧目内容掺杂本土宗教色彩，所以很多剧目中的人物亦为傩坛祭祀神灵的化身，但已人格化、世俗化，能表达老百姓的意愿。

（二）傩舞

与傩戏一样，傩舞也是一种驱逐疫鬼并带有娱乐性成分的活动。傩舞有徒手、持械两种。徒手傩舞主要是手脚配合随着鼓点表演各种武术动作；持械傩舞以双手持器械、脚步配合随着鼓点表演各种武术动作。两种表演形式的武术动作分别代表各种农事活动。同时，还带着驱除五瘟邪气成分，即在表演各种农事活动动作之时，将五瘟邪气同步驱除。

傩舞扮演者以香众为主。傩舞表演时，扮演者戴着傩面具，面具以凶神恶煞和牛头马面傩面具为主。

（三）跳香祭祀活动中的傩戏傩舞

在跳香祭祀活动中，傩戏表演主角以老司为主，其次是12人傩面舞队。根据各个程序需要，一般由3~5名老司组成班子表演傩戏。12人傩面舞队主要在开坛程序表演开山傩，傩戏表演均以地戏表演为主。在跳香种五谷仪程中的"搬土地"，主要由装扮成土地爷的老司表演，众人应和。为了剧情需要，事先确定打击乐队伍中的司鼓或香女中会唱山歌的人与其对话、对歌，以调节香坛气氛，达到人神共乐的目的。唱古情（唱神灵）环节以老司为主表演，12人傩面队和12名香女队围绕老司形成三个圆圈进行表演。老司主唱，锣鼓配合，众人应和，气氛热烈。

傩舞——赶山围猎

三、武术

在《调香辞送酬恩赛愿总集》中，对跳香中的武术表演环节进行了安排，根据驱邪扫瘟需要，苗族武术纳入了祭祀活动之中，体现在开山傩中的"四门棍""四门镗"和发童子仪程中的"打童子"武术表演。

苗族武术始于蚩尤，源于战争。人们为了提高格斗、械斗的技能和技巧，创造了一些格斗动作方法与形式，久而久之形成武术习俗。苗族武术不管是拳术还是器械套路都是打"四门"，形成"四门拳""四门棍""四门镗"等"四门"套路。也有"八合拳""八合棍""八合镗"等套路。搏斗时，脚踩梅花桩，能攻能防。进退中，脚走"之"字形，进退灵活。

苗拳属南拳范畴。演练过程中节奏偏慢，高桩较多，讲究桩功，一招一式清楚明了，位置路线清楚。讲究"手为两扇门，全靠脚打人"，手法上主要着重手臂的挥舞，讲究推插勾拦，格挂靠挤。身法上讲究沉肩重肘，下肢多使用弓步、跪步，讲究稳固，不管上肢如何运动，下肢要稳如磐石。腿法上，有扫堂腿、踢腿、铲腿、顶膝等。在套路结构上，一个套路的动作是相同的，每个套路分与合之间用一个相同的动作来衔接。

苗族武术有徒手和器械两大类。徒手含礼示、基本功、花架子、策手、点穴等招式。器械分硬器械、软器械和暗器三种。硬器械主要是棍、刀、叉、檀木烟袋杆等；软器械主要有流星、头帕等；暗器主要有飞刀、戒子针等。

在跳香祭祀活动中，夹杂着许多武术动作，主要是镗术、刀术、三节竹棍术等一类器械术。如老司舞动鬼刀驱鬼时的表演需要棍术动作，傩面队表演开山傩时，其动作就是镗术，打童子表演的童子锤，其动作也是棍术。"六堡后山"村寨跳香中的武术有镗术和棍术两种，小章乡桥排坡寨子的跳香"打童子"重在使用棍术。

镗上部有三股铁叉安装在弯型硬木上，中间称正峰，两边利刃斜向正峰，弯型硬木下接木柄，木柄长约1.2米。镗多用于击刺、架格、抵挡。使用时两手前后握持，并有交替换把。镗的主要击法为拍、拿、滑、压、横、挑、扎等。套路中多采用"骑龙势""架上势"等基本姿势。镗一般与棍、梭镖等长器械配套使用，用镗架格或抵挡对手器械后，用棍、梭镖等器械直接击打对手。镗术运动要领有四种。拨：镗头斜向前上方左右摆动为拨，拨时用力轻快平稳，幅度不要过大。扫：镗头在腰部以下水平抢摆，或倾斜抢摆，迅猛有力，力达镗头。架：双手将镗头向前平抢，架住对手打过来的器械，然后猛力绞住带入地面，使其脱手，要求迅猛有力，力达镗头。戳：镗头直线向前、向侧或向后戳击，要求发力短促，力达梢端或把端。八合镗要法：一镗霸王观阵，二镗恶蛇挡路，三镗关公挑袍，四镗九塔压身，五镗猛虎擒羊，六镗重斧劈柴，七镗红门硬进，八镗黄龙封顶。

清乾隆年间，泸溪县小章乡桥排坡寨子武师王天元和郑朝科根据跳香祭祀活动内容需要，利用苗族武术四门棍，结合农耕文化创立了打童子武术动作，运用到跳香发童子仪程的打童子环节之中。招式有双龙出洞、雪花盖顶、古树盘根、扫地连环、雄鸡报晓、猫儿洗脸、美女梳头、怀中抱子、懒婆娘担水、猪八戒背媳妇、风扫落叶、黄狗穿裆、倒插杨柳13种。最初的表演是12或13名童子各持一根香按武术招式表演。后来老司用五色纸裁剪成纸锤套在童子所持的三节竹棍顶端，做成铜锤形状，称为童子锤，童子持这种器械表演。每个武术招式中都隐含着生产生活情景：古树盘根表示锄草，扫地连环表示施肥，雪花盖顶表示打谷子，双龙出洞表示打油，雄鸡报晓表示推磨，倒插杨柳表示舂米，风扫落叶表示纺纱，黄狗穿裆表示织布，懒婆娘担水表示挑水，猫儿洗脸表示洗脸，美女梳头表示梳头，猪八戒背媳妇表示背新娘，怀中抱子表示喂奶。打童子体现了劳动人民对神农的崇拜、对美好生活的追求和通过劳动获得丰收的喜悦。古树盘根、扫地连环、雪花盖顶体现了主要农事活动；雄鸡报晓、倒插杨柳、风扫落叶、黄狗穿裆、懒婆娘担水演绎了主要生活场景；猫儿洗脸、美女梳头、猪八戒背媳妇、怀中抱子描述了苗族姑娘出嫁及成家的故事。

泸溪境内每个大村寨均有过几名武功过硬的武师，主持开办武术"堂子"。有的村寨从外地聘请武术名师传授武艺，或父子家传，兄弟互教。也有个别年轻人离村出县访名刹，求师教，学得一身武术本领，回家开堂子教族人。习练武术对于少数民族来讲，是强身保家护族的重要措施。

第二节　基本仪程

老司在跳香仪程中掌控法事进行的全过程，所有香众均须按照其指令推进仪式进度。老司以主角身份处于祭仪的核心，使人们感觉到他是沟通神灵、联系香众的中介而产生敬畏之心，一切按照老司的指令完成祭祀活动。

在泸溪县，跳香老司有着自己掌管范围内的香殿，在掌管香殿范围内的老司称为掌坛老司。非自己管辖范围内的村寨香殿是绝对不能去的，那是其他掌坛老司的"饭碗"之地。除非那里的掌坛老司邀请参加协助举行活动，而且即便法艺高超过人，在活动中也只能是配角。

每年秋收之后，需要组织跳香活动的村寨头人邀请掌坛老司选日择时，确定香头和举行跳香活动的日子。受邀掌坛老司在所择日期前一天到举行跳香的村寨，做好祭祀前的一切准备工作。

一、泸溪县跳香祭祀活动的基本仪程

泸溪的跳香祭祀活动分为开坛、申法、种五谷、发童子、大旋场五个仪程。

（一）开坛

开坛有起师、画符水、箁求恩准、请神安位、差兵点将、上香、解秽、造水净坛、念奏文、敬酒、缴标11个环节。

老司进寨——吹动三声牛角，表示跳香老司来了

在敞坪布置香案

在约定跳香日期前一天，老司先到跳香的村寨做准备工作。进寨前，老司身穿红色法衣，头戴师綎（五福冠），身后插用红绿两色纸剪成的兵旗，持牛角、司刀。进村时，在村寨边吹响三声牛角，表示跳香老司来了。村寨人们用锣鼓、长号、唢呐一路吹吹打打，燃放鞭炮迎接老司进寨。进寨后老司又吹响三声牛角，意在告知村寨当地神灵尤其是土地神，要在这里举行跳香祭祀活动。然后在跳香殿、土地堂以及周边的庙宇烧香纸，点油灯蜡烛，奠酒，行祭拜之礼，祈求神祇护佑法事成功举行。经过一番仪式之后，回到头人家里，进行跳香祭祀前设祭坛供桌、剪吊挂等准备工作。香头则组织人员宰杀猪羊，做香豆腐、香糍粑，准备祭祀物品等各项事务，并组织人员在老司指导下铺设香坛。次日即跳香之日，香头组织跳香队伍，备好一应物品。老司祭祀起水之后，依次将祭祀物品放在托盘之内，交付给参加跳香的香女。香头组织人员按照规定的顺序，抬起三牲之礼，一路长号吹奏引路，唢呐吹奏[大开门][蜜蜂过界]等曲牌，打击乐队敲打喜事锣鼓，吹吹打打从村寨一路走到跳香殿或敞坪香坛。一应供品按顺序依次摆放好，祭祀人员全部按照顺序持香排列。老司烧香纸，奠酒，执诀，进行请师、画符水法事。执诀有口诀和手诀两种，开坛时两者并用，先是口诀，然后是手诀。造水方法是，老司燃香，左手拇指食指小指三个指头顶起一碗清水，右手持三根燃烧的香烟在碗里的水上画符，每画一次，将燃香含在口中，用牙齿咬断，将三节断香吐在水里，然后又点燃香，反复三次。作法后启动开场锣鼓，长号曲调由低音到高音，由慢到快吹奏，唢呐吹奏[贺圣朝]曲牌，跳香祭祀开始。老司在一番旋转作法后，指示打击乐停止，老司抛筶求神恩准。

　　抛筶是窥测神意，判断法事是否有效。问卜时，老司在神位前说明自己的身份和所做的法事情况，接着用手合住一对筶，作揖三下，绕香烟一周，再举过头顶松手让筶落下。打筶需要打三次：第一次，三对筶子分次抛在地上，一次性打得三个阴筶，说明神灵全部降临香坛，祭祀活动天时地利；第二次，三对筶子分次抛在地上，一次性打得三个阳筶，说明祭祀活动准备充分，人气兴旺；第三次，三对筶子分次抛在地上，一次性得到阳筶、阴筶、神筶三种筶象结果，说明法事顺利进行并且有效。所谓阳筶，就是两块筶的平面（凹面）向上（朝天）；阴筶，两块筶的平面（凹面）向下扑地；神筶，一块筶的平面（凹面）向上（朝天），一块筶的平面（凹面）向下扑地，即一阳一阴。三种筶象都一次性成功，表示神明认同，法事会顺利。如果有一筶象未达到目的，则需要再念动咒语，并多次跪地作揖祈求，直至打得需要的筶象才能够进行法事。阴、阳、神三种筶象打得后，老司吹牛角三声，手执司刀绺旗，指示打击乐队启动锣鼓。在激烈的锣鼓声和长号、唢呐声中开坛请神，其步伐按九宫八卦图阵行走，边唱边舞。舞毕，老司用左手三个手指端起符水碗，右手用中指在碗中蘸水，先弹神位，再弹洒五方五位，以示风调雨顺。请神后接着安位，按照金木水火土、东西南北中五方五位安营扎寨。东方设置木城寨，插上青旗；西方设置金城寨，

打筶——左面一对筶象称阳筶，中间一对称神筶，右面一对称阴筶

插上白旗；南方设置火城寨，插上赤旗；北方设置水城寨，插上黑旗；中央设置土城寨，插上黄旗。神祇便在五方五位中得到安置。

安位后是差兵点将，就是老司拜请天上玉皇大帝发出神兵神马。在敲打了三通发兵鼓之后，老司请天上玉皇大帝分别将东方木城兵马、西方金城兵马、南方火城兵马、北方水城兵马、中央土城兵马五方兵马全部发出。同时，在五方吹牛角发出团聚兵马号，通过旋场和唱词表示为五方兵马发放刀枪和旗帜。在差兵点将时，老司在锣鼓唢呐伴奏下，通过唱词依次将五方兵马团聚到香坛。接着上香，在喜事锣鼓和唢呐[大开门]曲调声中，老司点香，发放给头人和香头。先是头人和香头上香，然后香女在老司指导下，每四人或五人一排走向神位依次作揖上香，管坛人员将香收下，插在香炉上。事毕，锣鼓长号唢呐声停止。老司跪下瞑目定神，口念请神辞，嘴诵咒语，依次请师。打筶得到祖师爷准许后，接着请傩公傩母和五谷神，然后依次请其他神祇。将全部神祇迎请完毕后，老司发起手诀，念动口诀，打筶子。打得神筶后，指挥鼓师在堂前擂动三通迎神鼓，将所请神祇请入坛内就座安位，并祈求护佑法事顺利进行。

上香——香头带领香众上香，求神安位

老司念词："伏以日吉时良，天地开张，堂前发鼓，大吉大昌。"打击乐队擂动祭祀鼓点，长号吹奏，唢呐再次吹奏 [贺圣朝] 曲牌，老司持牛角司刀旋转起舞。打击乐停止后，老司踏着八卦九州罡步，团聚天兵天将，护佑法事顺利进行。边舞边唱："弟子左脚踏青龙，右脚踏白虎，前踏朱雀，后踏玄武；弟子脚踩八卦九州罡，千军万马到坛场；脚踩八卦九州溪，千军万马到坛厅；弟子鸣角一声吹，惊动天和地；鸣角二声吹，惊动满堂神；鸣角三声吹，千军万马来临……"唱完，锣鼓长号唢呐声再起。然后在锣鼓、唢呐伴奏下，老司唱一段请神祭词。完毕，随锣鼓、长号、唢呐声，吹牛角旋场。至此，请师、画符水、筶求恩准、请神安位、上香环节表演完毕。

解秽即解除秽恶，亦指除去秽气。唐南卓《羯鼓录》："上性俊迈，酷不好琴，曾听弹琴，正弄未及毕，叱琴者曰：'待诏出去！'谓内官曰：'速召花奴，将羯鼓来，为我解秽！'"解秽时，老司念词："坛场以惊，法事当行，惊动何神？惊动五方五位解秽将军童子郎下坛场……"然后起动锣鼓，在唱词中又依次拜请上坛七千祖师主，中坛八万本师尊，请五斗淮南门下进行解秽法事。接着老司吹角调场，边舞边唱，进行五方解秽。在解秽法事中，也要按五方差兵点将，"东方解秽神临九千九万众将军，南方解秽神临八千八万众将军，西方解秽神临七千七万众将军，北方解秽神临五千五万众将军，中央解秽神临三千三万众将军，降临香坛。"团聚兵马后，进行解秽法事。

造水即造法水，就是制造能除病驱邪的水。《西游记》第六回："被道士一口法水，只见他立脚不定，径往西南去了。"清袁枚《新齐谐·鬼著衣受网》："道士书符作咒，以法水一杯当头打去，水泼而杯不破。"造水的作用主要是用所造的法水净坛。在造水环节中，老司左手三个手指顶起一碗清水，右手持燃香在碗中水上画符，念清净诰："此水纷纷，万里光明。此水生在何处，生在何方，生在昆仑山上。凡人去偷，三年不回，四年不转。发起东方青衣童子去偷，早偷早回，夜偷夜回。江边偷来长江之水，岩浆偷来洞中之水，水井偷来清凉之水，田中偷来五谷之水。圣水到此，大显威灵，清净之水，日月花开，藏北斗内，一二三台，圣水洒净，元气复来。

大圣常净清真大天尊。"

圣水造好后接着洒圣水净坛，老司在锣鼓伴奏中吟唱：

玉皇殿上三宝众神，所乘龙辇凤车不净，弟子为你洒净；

三清大道、十极高真、天下名山五岳圣帝君、东山圣人尊主、南山圣母娘娘、岳府会中大权真宰不净，吾将圣水洒净；

天平正神、赐敕通天都府云府、五通五显、灵官大帝、六位朝王、下坛五姓都头、五吏领兵不净，吾将圣水洒净；

玉皇院上本宗人氏堂不净，吾将圣水洒净；

本坊土地、老尊正神不净，下坛六公师主、前传后教不净，吾将圣水洒净；

文疏科马、法坛供桌供品不净，吾将圣水洒净；

信士男女、身前左右不净，吾将圣水洒净；

吾奉真君、道君、太上老君，急急如律令！

洒完圣水净坛之后，管坛者烧香焚纸，奠酒。此时，进入念奏文环节。老司跪下唱道："场内播鼓三通响，坛场内外跪灵清，真清真空对圣前，恭请香头念奏文。"

奏文是向神祇通报法事事宜，祈求神祇保佑法事顺利进行的表章。这时，香头双手持奏文，面对香坛神像，声音洪亮地宣读奏文。奏文内容是：

今据××寨香殿（香坛）祠下，奉天真祈福，辞禳酬恩赛愿，保安信士会首×××人众等老幼人等，即日焚香上千圣造下鉴，凡情意者伏为会首众姓人等慈内……

凡人难以安枕，无方控告。是以合寨众人商议，启发虔心筹备凡供财仪，卜取今旦黄道吉日诸神会聚。命请玉皇门下法师带天兵前来恭敬，青天门下迎请，本殿三宝作证，焚香洒扫，设醮修建。太上正乙祈福，辞禳酬恩赛愿调香道场一场，内献香灯，外传表行。又虑天宫高悬，凡情难通，便修写文状引路，仰烦值日功曹、传文使者、炉前土地旺化等神，火速贵文延旨于天庭玉皇院上、掌事诸仙官案前，投进乞赐答文传中。圣真怜悯，大帝垂慈，恩恩移久，行下诸庙王神，原先敕年值天府大帝、五部行瘟使者、南方祝火星君、西方祝火星君、西方金精白虎大神、着落天地盘大小庙庙王神、本坊土地之神，再后遵依。大帝敕令，前奉命已报祈，免除通寨老幼人等灾厄，家家清吉，户户平安，星火入泉，妖魅潜藏，虎狼远遁，瘟疫不张，雨顺风和，蝗虫消亡，百般如意，得庇恩光，不忘大造，未取含点，理合具縣。

念完后，老司将奏文与香纸火化，请化财土地神通天达地、出幽入冥闻召火速前来，将奏文奉送各位神祇。接着，继续唱词请神："奉请三十三天昊天金阙，玉皇门下念疏述地名；奉请天界功曹、地界功曹、三阳四府功曹、飞云列马功曹，请降法筵，坛前无以表呈，虔备三杯酒用心点献。"奏文火化之后，进入敬酒环节。

行敬酒礼，管坛者司酒。老司念唱道："伏以，酒初奠，状元红，兴配生禄排于容，兴配生禄排于愿，宽心请坐笑春风。脚踏凤门双肩开，飘飘摇摇下瑶台，琉璃骑马传金鼓，功曹使者请进来。罗将诚心大主德，伏望皇王赴坛庭，愿是排愿酬帝德，花烛灯烛谢皇恩。"

这时，管坛者将酒递给老司。老司拿着酒杯，唱道：

一献杯酒，功曹土地，神之最灵，通天达地，出幽入冥，与吾传奏文，不得留停。

二献杯酒，太上弥罗无上天，渺渺紫金去，渺渺紫金来，太白兴青空，无极无上生，和乐放光明，急急好无中，玄元金常大，飞莫大神通，玉皇至上尊，与吾传奏文，不得留停。

三献杯酒，酒尽三献，礼不再斟，阴间之酒，阳间之傩，一声去了，满声花傩，借动师刀缯旗兵牌，庆贺三场小酒法事。

每唱一段，行敬酒礼，将酒洒在地上。敬酒之后，起动锣鼓，老司吹牛角调场，进入缴标环节。

缴标是对年初头人拜叩神祇许下跳香酬谢之愿并扎标登记的交代。当年年初，村寨头人和香头为祈求村寨清吉平安、五谷丰登，决定举行十月跳香祭祀事宜后，请老司到村寨香殿举行祈求许愿仪式。祈求许愿仪式比较简单，不动用打击乐队，只是几个头人和香头与老司在香殿设下香案，摆上香米利是，燃烧香纸。由老司向神祇通告秋收之后全寨举行跳香祭祀活动事宜，以酬谢神灵带来的福禄。然后烧香纸，奠酒奉敬，打答祈求神灵恩准。打得三种答象后，说明神祇同意，批准了。老司用茅草或稻草扎下标志，放在香殿香案上收藏。香头打躬作揖，叩谢神灵，许下报赛酬恩之愿。祈求许愿仪式结束。

跳香祭祀活动第一道开坛程序所进行的缴标仪式就是对年初许愿的兑现。敬酒之后，起动锣鼓，老司吹牛角旋转调场，诵唱叩谢神灵唱词，进行缴标。经过一番法事之后，老司将许愿草标取出，五方五位祭谢神灵，然后将草标与香纸一起烧掉，证明所许之愿已经承诺兑现。这就是巫傩法事的"春祈秋报"。

（二）申法

申法有开山傩舞、穿花谢神、上疏、敕符造船架桥、推送（除邪扫瘟）、谢神灵六个环节。

开山傩舞。缴标后，老司又起动锣鼓请神。老司手执司刀绺旗，踏五步罡独舞，踏步时右手持司刀高过头部向前方抖动，左手持绺旗向左侧甩到背后，连续反复。然后站在原地左右旋转，意请天界派兵前来香坛助阵，保佑跳香法事顺利进行。请神完毕，接着带领和指挥12位头戴傩面具者表演开山傩舞。傩舞者手持农业生产工具木耜，随着鼓点表演砍山开荒、赶山围猎等动作。其动作形式均为武术马步动作，按着锣鼓点子节拍发出"嗨、嗨、嗨"的高声吼叫声，动作粗犷。意为打开山门，迎请神祇降临，也表示苗家人要开山种五谷了。

穿花谢神。傩面队表演完毕，进入穿花谢神环节。在锣鼓和唢呐的伴奏下，老司吹牛角边唱边舞动司刀绺旗绕场而行，此谓调场，然后到场外带领两位着黑色法衣的老司入场进行五方五位穿花谢神。主坛红衣老司双手持笏板、竹鞭，黑衣老司右手持兵旗，三人在锣鼓声中按照太极图形（倒"8"字）以碎步相互穿插行走。从香坛正中（中方，土卦）起步，在东（震卦）南（离卦）西（兑卦）北（坎卦）五方穿花谢神，每到一方停步，红衣老司持竹鞭在地上画符，然后对地面抽打，以示差兵点将。两位黑衣老司则拂兵旗打躬作揖，表示对神兵天将降到香坛的感谢。五方谢神后，黑衣老司退场。每到一个方位，管坛者即在地上烧香纸，奠酒敬神。五方五位穿花谢神之后，进入上疏环节。

穿花谢神——老司按太极图形走碎步相互穿花，感谢神兵天将降临香坛

　　上疏，即申法文疏上缴。文疏是凡人祈求于神祇的文函，与人们日常交往的书信相同。这种文疏与请神程序中的奏文不同，请神奏文主要是通报村寨举行跳香活动的内容，请神灵庇佑准许。申法文疏是信仰神祇、敬天祭祖语言信息的表达形式，是人们将自己所求的事由，通过叩拜祈求天神恩佑。用笔墨书于纸，彻于琅函，焚化后由四值功曹飞云捧送天尊，上达天庭，架起仙凡之间的桥梁，搭建人与神传情达意的通道，从而摆脱苦难，消除魔障，祈福福至，禳祸祸消。文疏共有五道，由老司在先一天制作好，黄纸内套白纸4封，蓝纸内套黄纸1封，外层为文疏封（信封），内层为文疏内容。白纸写有祭祀文字和符箓文字符号，文疏封纸短于文疏内容纸，

上写文疏送达之神，盖有印章，起到信封作用。

上疏前，众人持香与香头跪在地上，老司将文疏放在香头背上，待上疏时再念唱焚化。上疏开始，启动打击乐，老司边唱边走罡步旋场，祭祀所受文疏的神灵。在锣鼓和唢呐伴奏下，老司依次将文疏从香头背上取下，拿在手中作法，分为五次依次请相关神祇将奏文解送至天庭，奉敬给主要神祇。这时老司吟唱道：

文疏奏上："伏羲女娲，三清大道，十极高真，天下名山，五岳圣帝君，东山圣人君主，南山圣母娘娘，岳府会中，大权真宰，宫内去街内行，一宫在一宫，一行在一行，莫教户主文疏财马落虚空。"

文疏奏上："天平正神，都府云霄，五通五显，灵官大帝，六位朝王，下坛五姓都头，五吏领兵，宫内去街内行，一宫在一宫，一行在一行，莫教户主文疏财马落虚空。"

文疏奏上："玉皇王母及院上诸驾兵马，三元三品三官大帝，五谷院内神农大帝，三元主宰三百六十应应天尊，三桥王母，七十二宫花林姊妹，七娘兵马，万户总官，宫内去街内行，一宫在一宫，一行在一行，莫教户主文疏财马落虚空。"

文疏奏上："本县城隍，本坊土地，老君正神，高山大庙，低山小庙，沅江七十二庙，过庙等神，虚空过往远近神祇，窄宽之内五音男女孤魂等众，宫内去街内行，一宫在一宫，一行在一行，莫教户主文疏财马落虚空。"

文疏奏上："下坛六公师主，千千雄兵，万万猛将，宫内行街内去，一宫在一宫，一行在一行，莫教户主文疏财马落虚空。"

……

每念一段"文疏奏上"，老司要吹一次牛角调场，先吹尖声，后吹弹声。打击乐队打慢板锣鼓，旋一场，调一场，众人随老司持香旋场，按照八卦中的八种自然现象"天、地、山、泽、水、火、风、雷"的八个步位循走。最后一道文疏上毕后，老司吹牛角，起初声小平缓，之后吹起高声，打击乐队打快板锣鼓，老司快速旋场，然后举起绺旗，拍打敕令，锣鼓声立即停止。老司敬酒，敬一场，调一场。老司面对神坛跪下，用手在空间写符字，吹牛角送上天。然后，手拿笏板，起动锣鼓、唢呐，赞唱："弟子申法会上，差兵兵动，发将将行，兵从令转，将从令行。"然后逐一献酒："稽首皈依天地间，踏起祥烟，三界十方悉闻伏受真言。天仙地仙水府阳源，使功曹何事奏表传言。"毕后，进入敕符造船架桥环节。

敕符造船架桥。敕符即敕命文书。《旧唐书·崔器传》载："器惧，所受贼文牒符敕，一时焚之。"明何景明《何子·固权》载："夫班爵封者遗之券诰，赐祠第者护之符敕。"符敕要准备两种。一种是将桃木块砍成上宽下尖形状，老司在上面画上符敕文书，主要钉在各家各户堂屋外和村寨十字路头断瘟。一种是在黄纸上画上符敕文书，主要是贴在各家各户门上断瘟。造船又称为游船，用纸或稻草扎成一艘长1.2米、宽0.3米的游船。老司在游船上作法画符，内中扎上2个草人艄公，头戴红或蓝色布帽，站在船头船尾，同时放上桃木符敕。

敕符造船，接通人神之间的通道

在这一环节中，老司指挥打击乐队擂鼓三通，踏罡步，调场，敕符造船。念词："坛场以敬，法事当行，行通何神？行通五方五位，行通敕符造船将军，童子郎下坛场。"接着以唱词形式在唢呐和锣鼓伴奏下拜请敕符仙师、鲁班仙师、渡君王和渡君娘娘、点将仙师诸神。表演砍树、造船、钉桥、架桥等劳作动作。拿鸡冠血敕符造船，先敕纸符，再敕桃符。接着架桥，老司在游船上搭起一块桥布，好让神祇直接通过桥布过桥，接通人们与神祇中间的通道。桥架好后，老司又差兵点将："点起上元唐将军、中元葛将军、下元周将军，又点六丁六甲、天仙地仙、水仙兵马一同前行，转身又点土地白帝天王兵马一同前行。"接着，扛起游船，随锣鼓声左右旋转，吹牛角狂舞。经过一番请神和点兵之后，造好游船，架好桥梁，进入推送环节。

推送，即除邪扫瘟。老司进行点兵发兵法事，打得神筶后，吹起牛角去各家各户收瘟除邪，香女和香众持香跟随，进行各家各户除邪扫瘟程序。老司手拿司刀、牛角、筶子，众人抬起游船，带上桃符、纸符、雄鸡，敲锣紧跟老司后面。这时，每家每户都要在堂屋中摆上香案迎接。推送必须从香头家开始，且不能走回头路。因此，村寨各户除邪扫瘟线路必须经过细心排列。推送时，老司从香头家开始推送，然后每到一户的屋边时吹起牛角，左手拿雄鸡、牛角，右手拿司刀，在户主堂屋门前拍门发兵。念道："发兵前去，发马前行，来到信士户主家中，收了天殃地灾，风烛火殃，五瘟时气，邪神五鬼，浪荡神祇黑处不要躲，亮处不要藏，阳光会照到，弟子一收便来，二收便到，收在九天云雾中，十天云雾里。"完毕，在香案前打筶子，得神筶或阴筶后，在大门处叫众人钉桃符，贴纸符。完毕后，老司把司刀一拍，高声念词："天上画起人行路，地下画起陷鬼坑，人到有路常行走，鬼到无门打转身，（用司刀在地下一划）隔断黄河万里城。"吹牛角出去换另一家，一直按照既定线路把村寨各户瘟气扫完、邪恶除完为止。同时，在村头寨尾、十字路口钉上桃符断瘟。在除邪扫瘟时，家家户户都要把事先准备好的香糍粑交给头人和香头带到香坛。

除邪扫瘟完后，老司带路，两位辅助老司或香众抬起游船，在一路吹打声中将游船带到溪河边用雄鸡进行驱赶瘟神法事，而后在游船上放上纸钱并点燃，与游船一起焚烧，然后将游船推入水中，随水流走。水上烟雾缭绕，游船一直烧完为佳，意为魔鬼瘟神被水冲走，永不入村寨。如果跳香的村寨没有溪流，则在水井或有流水的水沟边进行，做完法事后，游船当

烧游船——众人将游船抬到溪河边焚烧

场点燃烧掉。烧游船要发文牒，老司作法后，双手持文牒念词。

烧游船的文牒内容是："今据××寨大坊土地祠下，奉神祈福遣送酬恩赛愿调香（跳香），保安信士会首×××通寨老幼人等，即日投取今月吉日良旦，命请×××师侣于空修建桥梁一座，太上正乙下元遣送法事一供。今者善果具毕，置造龙舟一支，收殓装送，径往汪洋大海散荡逍遥。如遇关津渡口匆令阻滞，一如帝敕星火奉行。须至引者。右引本坛照验，本坛今差船头张艄公、船尾李水手火速置备，等神。准此。"从老司的跳香经文来看，宫殿与桥梁都是建造在蛮荒之地，要披荆斩棘、烧荒开路才能到达。

这也是苗族经过长途跋涉迁徙，到达居住地的必须劳动。这种劳动动作的模拟，是在吟唱和步罡中进行的。

烧游船时要用鸡断煞送瘟。老司左手拿鸡，右手持刀，

烧游船——老司作法念诵文牒，将瘟神随船送往汪洋大海

念道："此鸡不是非凡鸡，西天王母报晓鸡，头戴红冠身穿五色衣，别人拿来无用处，弟子拿来断煞瘟。一断天煞地煞、年煞月煞、日煞时煞，一百零八煞，一切凶神恶煞、天殃地殃风烛殃，隔在他乡千里之外，弟子一送一千里，二送二千里，三送三千八百六十五里。若有一人一神不尊，弟子斩杀雄鸡一只，见血如实。"斩杀雄鸡后吹角回坛，念动送神诀，收兵回场。

烧游船——将燃烧的游船放入溪河中，让瘟神随游船漂走

谢神灵。送走瘟神、擂鼓收兵后，老司继续行法事，酬谢神祇。谢神灵属于集体舞。老司进行酬谢神灵法事后，香众分为绺旗队、龙旗队、托盘队3个队伍，每队12人，按正反方向围成圆圈，将老司围在中间。老司站在一张小方桌上，领唱谢神歌，每两首为一段，尾声以众呼"谢神灵"或"喜傩欢"呼应。各队按照顺时针、逆时针方向交叉围着老司转圈，12个月神灵谢完后，队伍随着鼓点节奏依次退场。老司行收兵法事，完成申法程序。谢神灵表示对神灵的感谢之情，感谢其赐予人间福禄，赐予五谷丰收。

（三）种五谷

种五谷有开粮库、搬土地（土地舞、十二月农事歌舞蹈）、埋五谷、撒五谷、卜卦问答、收割五谷六个环节。

申法之后，打击乐队打长声鼓，老司烧香纸、奠酒，敬奉五谷院粮库守护神，调场一番后，开五谷坛。老司念道："弟子奉我皇敕令，来到五谷院中打开五谷种粮库，守库神兵不要阻拦，不要拖延，凡间信士要依时而耕，顺时而种，不敢耽搁农时。"然后起手诀，打开库锁，用开山诀在埋谷处烧纸敬神，打筶子，打得阳筶后表示种粮库门已经打开，五谷种子已经取得。于是，老司吹牛角回坛，进行一番调场。紧接着，香女香众持香站立在神坛正面。老司念咒作法，祈求五谷神保佑。完毕后，表演搬土地。主祭老司停止祭祀活动，由另一位老司头戴土地爷面具，装扮成土地爷，敲着一面小锣，杵着一根仙杖缓缓出场唱土地。

土地爷出场时念道："土地到坛舞一舞，法场借动三通鼓，上香拜傩公，上香拜傩母，再拜五谷神，完后拜全堂，拜完就喝酒吃糖。"接着开唱土地歌，从盘古开天人类起源、神农氏创制五谷起，一直唱到种五谷、收五谷。然后唱一些祛瘟除邪，祝贺村寨清吉平安、添丁发口、五谷丰登、六畜兴旺的祝福歌。这时，一位女歌手（有的装扮成土地婆婆）唱着山歌出场，然后与土地爷对话。香众也在旁边与老司对话，调侃二人。

一位香众对白："土地爷，你歇一歇，有话问你。"

土地爷答话："你们问，我听着。"

香众讲："土地爷，刚才你讲拜完就喝酒吃糖。这内堂的东西莫乱吃，你要吃的在外面，这里面吃斋，外面还有肉吃。"

土地爷答话："那我到外面吃，吃成好往别处去。"

香众装阳雀叫，说："走不得，还要做阳春。"土地爷回答："是真的，差点忘记了，不然要被打屁股的，那就做阳春。"在模仿犁田时，在傩舞队中选一位头戴牛头面具的演员扮演牛，土地爷右手持鬼刀，左手将牛角做犁轭架在扮演牛者脖子上。随着土地爷表演耕田动作，扮演牛者踏着节奏全身抖动。老司持竹鞭踏步抽打，扮牛者碎步挣扎，动作幽默诙谐。之后，土地爷便开唱，先是唱一些调侃热场的山歌，如在表演犁田时用山歌调子唱："犁田犁了烂泥田，扯来扯去扯半天，牛也累来人也累；主家还要把我嫌。"这时，女歌手与土地爷对唱："犁田莫犁烂泥田，扯来扯去不到边，双脚陷在泥窝里，土地爷儿喊老天。"土地爷接唱："正值阳春农耕天，你们夫妻莫偷闲，春来若是不下种，秋后仓库用何填？"歌手对唱："时令季节不会偏，五谷准备很周全，季节若是弄颠倒，看来土地有点癫。"……

犁田——一位戴傩面具者扮牛，老司手持鬼刀牛角犁田，动作幽默诙谐

一番对歌和对话，土地爷将好话讲尽，丑话讲够，喜庆歌唱得热火朝天，啄啄歌唱得热闹翻天。调侃热场之后，头戴傩面具的土地爷土地婆带领香女入场。土地爷与土地婆领唱"十二月农事歌"，唢呐伴奏，在歌声中，众香女边唱边表演砍火畬、犁田、插秧、锄地、薅草等农事动作。每人唱一段后，打击乐队敲打慢板锣鼓。然后，进入第二段农事表演，一直歌唱和表演完十二月的农事。参加跳香的香众配合舞蹈表演和苗歌（山歌）演唱帮腔，打吆喝。围观者学布谷鸟、牛、羊、猪、狗、鸡等动物的叫声，各种动物叫声与苗歌声、吆喝声混杂一起，场面和谐欢乐，众人进入狂欢状态。

土地爷表演了做阳春之后，主祭老司出场，把当年丰收的五谷（稻、麦、粟、高粱、黄豆）种子各取一点放入五个盛土的坛子里，用布封住罐口，做成还阳罐。在老司的带领下，参加仪式的香众且跪且拜敬奉五谷神。

众香女跳起农事歌舞，表达劳动的喜悦

在锣鼓和唢呐的伴奏中，经过老司一段诵词，一阵旋场，以及反复吟唱之后，宣布诸神全部到位。接着，便在殿堂中央的地洞中埋下五谷还阳罐。老司埋下坛罐之后，香众轮流一一打卦问答，预卜来年收成，祈求神祇保佑。香众问完后，老司跪地卜卦问答，必须打得阳筶，才能预示五谷神将保佑村寨年成风调雨顺，五谷丰收。然后把剩余的五谷种子撒向香众和围观群众。抛五谷时，老司按照鼓点走三步罡，边走边将五谷抛洒于香众，香众则单膝跪地，双手提起麻裙、衣襟接五谷，你争我抢，好不热闹。这些五谷种子是被老司施过法的，得了这些种子，象征着好运降临，接得越多越吉利，预示来年获得大丰收。

在撒五谷时，老司边撒边念祝词："一撒一劳永逸，二撒二龙戏珠，三撒三阳开泰，四撒四季发财，五撒五子登科，六撒六合同春，七撒七女下凡，八撒八仙过海，九撒九转功成，十撒十全十美，十一撒百事顺遂，十二撒千年发达，十三撒万年兴旺。恭贺老者添福添寿，少者添子发孙，村寨福寿禄，家和万事兴。"

撒完五谷后，继续搬土地，土地爷和扮成土地婆的香女出场。香众与土地爷又有一番对白。

香众代表对土地爷讲："看一看田水啊。"

土地爷答："好，那又去看看田水。哎，我田里的水怎么被人偷走了？"

香众代表讲："是你水口没塞好。"

土地爷答："是的，那我把水口塞好起来。"等等。

一番对话后，香众代表讲："土地爷，秋天到了，收得五谷了。"

撒五谷——老司抛洒五谷，香女单腿跪地，
手提麻裙接五谷，企盼好运降临

土地爷回答："那我是该去收五谷了。"

这时，土地爷领头，装扮成土地婆的香女背起背篓随土地爷边做收割五谷动作，边与其对唱山歌。老司拿起鬼刀走罡，边唱边表演收割等动作。香女背背篓唱苗歌，与老司配合模仿各种农事动作。春耕时，老司表演开荒挖地动作，香女表演播种动作；收割时，老司踏步挥舞鬼刀作收割状，香女将收割的农作物投于背篓里，两人相互配合踏步舞蹈。完毕后，土地爷继续唱土地，内容主要是奉承和调侃香头，要香头添加利是等，言辞诙谐，常常引起哄堂大笑。

搬土地表演完毕后，接着就是送土地神。主祭老司出场，念词："土地传名，不敢久停，三通法鼓，送尔登程。"在锣鼓声中土地爷退场。此节法事完毕。

还阳罐中的"五谷"，要在第二年农历三月初五这天才能开封。这天，老司和香头在举行简单的法事祭祀仪式后，取土开坛，根据罐中五谷的腐变颜色来预卜农业生产情况，发霉的种子说明该种作物当年不宜种植，否则不会得到丰收。并据神意预卜本年瘟疫情况等。之后，香头将这些情况通报给全村，便于人们选择种植相关农作物，以获得好收成。同时，注意防范瘟疫传播，消除灾厄。

（四）发童子

发童子就是老司通过作法，使童子进入某种催眠状态，从而实现"通神"，代神回答香众所求之事。这是跳香祭祀活动中内容最为丰富、最有神秘感的表演程序。发童子程序有选童子、请神、打童子、上车、退车、口咬火犁、跪香问答七个环节。

发童子首先要选择6～7岁的小男孩，名为"童子"，参加祭祀的童子必须是父母双全、兄弟姊妹较多的儿童。童子数视参加跳香寨子的多少来决定，如是三个寨子联合举办，则每个寨子选童子3～5人，那么，参加跳香的童子就是9～15人。这些童子要在先一天选好，每人备一根留有三个竹节的竹棍，长80厘米，次日与跳香队伍一起到香坛。

在发童子之前，跳香殿内要燃烧起湿松叶（现在用黄烟饼），让烟雾弥漫，此时锣鼓喧天，长号、唢呐声声声紧凑，气氛紧张而又充满神秘感。在老司的带领下，童子队出场，站立在老司身后。每个童子将竹棍交给老司，由老司灌好法水后交还。起场时，老司吹响牛角，手拿司刀绺旗在锣鼓声中先行调场。随后开始请神，老司念道："坛场一惊，法事当行。惊动何神？惊动五方五位将军，童子郎下坛场。"踏罡步，吹牛角调场。接着在锣鼓和唢呐伴奏下，吟唱请神："鸣角一声当三声，声声拜请请何神？迎请神仙各师主，拜请入灵仙师尊，闻声角号来召请，与吾请神入坛即须行。"要将东方青衣童子、南方赤衣童子、西方白衣童子、北方黑衣童子、中央黄衣童子等神灵全部召请到坛场，以确保发童子环节表演顺利。老司吹角调场后，带领童子表演"打童子"舞。

"打童子"的道具是三节竹棍又称童子锤。"打童子"舞是一种民间祈求美好生活的武术操。目的是庆祝当年丰收和祈求来年风调雨顺，源于农人从事劳动和生活中的基本动作。跳香"打童子"环节中，童子站成两排，手拿童子锤，用武术招式表演劳作动作。其招式有双龙出洞、雪花盖顶、古树盘根、扫地连环、雄鸡报晓、猫儿洗脸、美女梳头、怀中抱子、懒婆娘担水、猪八戒背媳妇、风扫落叶、黄狗穿裆、倒插杨柳13种。表演时，童子手里拿着童子锤，前后、左右、上下挥舞，同时发出"嗨、嗨"吆喝声，节奏鲜明、刚劲有力，充分展示出苗族人们勤劳、粗犷、豪爽的性格。

"打童子"之后，老司造水入坛，让童子登车开口报吉凶。造水时，用燃香在水碗上画破秽净身的保身罡符、除邪符、通煞符等符箓，再用剑诀画五营兵符，边画边念咒语。造水完后把法水洒在童子身上，再用燃香在童子身上画入灵敕符，画完让童子用鼻子吸一口香烟，喝一口符水，再让童子闭上眼，用符水在双眼上各画一道秘符。童子在老司后面踏罡步转三圈。若童子不开口说话，再画一道开口符。此时牛角、锣鼓、长号、唢呐齐响，全场震动。老司带领童子旋场"上车"，领众童子走三罡步、跳梅花格。童子在老司带领下全身旋转，越旋越快。参加跳香的香众中也有人情不自禁地加入狂欢之中。随着童子跳到殿外，越溪、跳坎、过刺蓬、穿田垄，如有神力相助般直线前进，无人摔倒。香众随锣鼓声高声大叫，吆喝声连连，整个跳香场面进入狂欢状态。

童子旋场一直旋到童子精疲力竭为止。这时，这些童子因为精神高度亢奋、体力严重消耗而进入意识不清的半催眠状态。然后，老司拍响惊堂木，摇动绺旗，所有童子跪拜在坛前。

老司一一发问："你是何人下凡？"

童子答道："是仙童下凡。"

老司："身带何物？"

童子："玉皇娘娘赐的三节烟竹。"

老司："你知道天上的事吗？"

童子："知道一半。"

老司："地上的事呢？"

童子："全部晓得。"

接着，老司向童子又问祸福，问收成，问人们想要问及的其他事情。童子以神的口吻一一作答。

问完后，老司立即让童子退车，否则"归魂入神"太久会伤元气，有的孩子要很长时间才能恢复清醒。老司在锣鼓唢呐伴奏下焚香烧纸，念动

站立

神水点化

打童子

上车

旋场

退车

退车咒，唱道："天清清，地灵灵，五方童子勒马回，五方童子下马归，有事焚香再奉请，无事莫停退神归。凡童子三魂七魄齐归本体，十二元神归本身。吾奉太上老君，急急如律令。"然后，用中指沾法水在童子印堂上画退神符，口喊"童子，快快回来！"领着童子退车。若童子一时退不了车，老司则领他走反圈退车。这些童子一般要休息四五天，神志、体力才能得到完全恢复。

童子退车后，老司表演口咬火犁，寓意褪去童子身上的污邪，同时驱走村寨所有邪气瘟疫。口咬烧红犁口的法术技艺是：将一张农民犁田的犁口置于火中用大火烧得通红，老司助手准备好一碗用高度酒和桐油调和的油酒。老司用铁钳从火中取出烧得通红的犁口，在火塘边作法。然后右手用铁钳夹住犁口后端，左手用司刀圈住犁尖，跑小步进入香坛中，老司将纸钱放在通红的犁口上，让其燃烧，助手将油酒送到老司口中，老司喝下一口含在口中，边绕场边喷油酒，喷出火焰。绕场一圈后，老司将犁尖用牙齿咬住转圈让观众看清，如此反复三次，表示法事成功，童子污邪已退，瘟神邪气已经驱除，达到了祈福消灾目的。

最后的环节是众人跪香问答。参加跳香的香众一家一家轮流问答，问福祸、问年成、问婚姻、问儿女等，根据香众需要由老司主持，逐一打答发问。问完后，老司吹响牛角，启动锣鼓，进行调场。

此仪式考虑到儿童的身体健康可能受到伤害，现在大部分地方已经不做了，在整个发童子仪程中只表演口咬火犁、童子锤舞、问答等环节。也有个别地方将该仪式改为"发仙娘"，即以仙娘替代童子来进行，一般是三位妇女。在老司念咒、画符、燃香、洒水等法事程序和围观香众狂热情绪的诱导催化下，三位妇女逐渐进入意识恍惚的半催眠状态，回答香众关于祸福、财喜、收成等问话。

这种所谓神灵附体的现象，从社会历史的角度看，源于原始人类对超自然力量的恐惧和崇拜的民俗信念。从现代科学的角度看，是一种在外界因素诱导暗示下产生的癔症性精神病理现象，其主要症状是暂时性的身份认知障碍。无论儿童还是妇女，这类人多数情感丰富，富于幻想，善于模仿，易受暗示，在某些心理、社会或环境因素的刺激下，极易出现短暂性认知障碍、精神异常或运动感觉方面的紊乱。这些症状可由暗示而产生，亦可通过暗示而使之消失。

（五）大旋场

旋场是跳香的高潮部分，有旋转脚钻茶枯饼、跳香舞、化财送神、扫场四个环节。为了酬神还愿，属于武教的跳香祭祀活动还要先表演上刀梯、踩火犁等傩技，然后再进行旋场。

首先是上刀梯。上刀梯又名踩刀梯，是跳香祭祀活动和还傩愿祭祀活动中酬神还愿表演的技艺之一。老司在傩坛司事过程中，在宽敞的平坝里选择一块平坦的地面，竖起一根6米高的杉木柱，柱上凿眼安插18把锋利的长马刀，刀刃向上。马刀长50厘米，刀背厚1厘米。安装时，加闩固紧，以防摇动，每35厘米安插一把马刀，形成一梯。桩杆四周拉线固定，防止晃动。攀登之前，刀口均用纸条紧封，以表示神秘和庄严。表演时，老司要先做上刀梯祭祀法事，烧香纸、奠酒，用鸡冠血点刀。表演者着红色法衣，在锣鼓声中揭去刀口上的封纸，双手抓住刀刃，赤脚踩在锋利的刀刃上，一级一级往上登，边攀登边做出各种惊险的表演。上到顶点掏出牛角，仰天吹响。接着，在木杆顶上表演"倒挂金钩""大鹏展翅""观音坐莲""古树盘根"等技艺，以显示高超的武功和过人的技巧。这时，刀梯下观看者齐声喝彩，铁炮和礼炮声如闷雷滚过大地，长号唢呐狂吹，锣鼓齐鸣，响彻云霄。

关于上刀梯有一段传说：很久以前，苗山出了一个兴风作浪的妖怪祸害民间。一位男青年决心为民除害，他召集苗民们提起公鸡，扛起供桌，自己身带十八把钢刀来到一座山上。他将钢刀一级一级钉在一株古树上，一步一步攀上树顶，站在树尖舞动手中降妖鞭，吹响海螺、牛角。与此同时，树下苗民点燃鞭炮和铁铳，吹响长号唢呐，敲锣打鼓，终于把妖怪吓跑了。为纪念这位苗族青年为民除害，上刀梯活动世代流传下来，并作为酬神还愿运用到跳香和还傩愿等祭祀活动中。

随着时代发展，上刀梯从跳香祭祀活动中分离出来，形成一个独特的高难度巫傩技艺项目。而今，作为一个独立的民俗文化节目，常在民族传统节日或民俗文化活动中表演。

接着，老司表演踩火犁技艺。同爬刀梯一样，踩火犁也是跳香、还傩愿活动过程中向神灵表明心迹，祈求保佑的祭祀活动。踩火犁用的铁犁都是平常农村耕田耕地使用的铁犁。表演前，先将12张铁犁放到火堆里面烧红，而后取出排成一排。老司助手在铁犁上放上纸钱，铁犁冒着青烟。老司先奠酒，请神念咒。然后，光着脚板从灼红的铁犁上走过去走过来，如履平地，毫发无伤。因其惊险刺激、自成体系，久而久之便逐渐从跳香祭祀活动中分离出来，成为独特的高难度表演艺术。

上述巫傩技艺表演完毕之后，主祭老司吹响牛角，锣鼓声、长号唢呐声密集响起。老司持司刀跨"大八字步"稍蹲，单脚独立，用脚后跟在一块茶枯饼上有节奏地边舞边旋转，双臂屈肘上举，以主力腿（支撑腿）为轴心脚踩茶枯饼，动力腿旁点地，原地持续点转，速度越旋越快。此时，鞭炮喧天，锣鼓紧密，长号紧凑，香众呐喊助威。随着老司的快速旋转，法衣的襟摆飞起，与身体形成九十度。在茶枯饼被转通的瞬间，众人欢腾，老司进入迷狂状态，手舞足蹈地媚神、降神。之后，大家在老司的带领下，随着跳香音乐和鼓点节奏，持香跳起跳香舞。最初是香女随老司表演跳香舞，在香女和香头的邀请下，全体香众与旁观者加入跳香舞之中。数十圈舞蹈之后，大家围在指挥鼓手身边，齐呼三声，跳香舞表演完毕。

至此，跳香舞所有仪程接近尾声，进入烧香纸化财送神环节。老司左手端一碗水，作法变成"神水"，一面吟唱神水歌，一面右手持司刀在碗里沾上神水，弹向香众，让所有的香众感受神祇的威力，分享神祇带来的福禄。接着，以传茶、劝酒形式酬谢神祇，答谢香头和香众。重点答谢请老司前来跳香的头人，送上祝福语。香众跟随老司绕场酬谢神灵，答谢头人。最后，老司对村寨和香众送上祝福语。

老司念词："今则酬神谢恩，跳香法事已毕，奉送众神登车上马，回鸾转驾。来有真香奉请，去有钱财奉送，来要留恩，去要赐福。有堂归堂，有殿归殿，有马骑马，有船乘船。无堂无殿者，腾云驾雾各归本位。本师祖师兵马不可奉送，要随弟子再往别处十方门下行香起法，拯救良民。弟子一送一千里，二送二千里，三送三千八百六十五里。弟子退一步大吉大利，百事顺遂。"

坛内烧纸奠酒送神完毕后，老司走出殿外起送神诀，提起雄鸡，口喷法水，朝天一送，吹响牛角，叩拜回坛。当仪式临近结束时，香头开始向香众抛撒香糍粑、糖果，香众到处跑动争抢，抢到了香糍粑和糖果表示抢到了吉利与富贵。然后进入扫场环节。老司左手持雄鸡，右手持尖刀，口念扫场咒语，请各位神灵回归原位。接着宰杀雄鸡放血，绕场一周滴撒鸡血，面对香案打躬作揖三次，烧香纸送神，然后撤除香案收场。至此，主场跳香结束。

扫场——老司手提雄鸡、尖刀，口念咒语，请各位神灵回归原位

之后，大家分吃香糍粑、香豆腐，喝米酒，尽情自娱自乐，场面一片欢腾。跳香主场结束后，次日由近到远依次到各村寨进行跳香，一寨一天。

苗族跳香分为文跳香（文教）和武跳香（武教）两种，二者程序及环节基本一致。不同的是，武跳香是"荤祭"，以猪羊祭祀神灵，老司还表演口咬火犁、上刀梯、踩火犁等巫傩技艺；文跳香属于"斋祭"，忌荤腥，不表演巫傩技艺。

二、古丈县跳香基本形式

古丈县跳香，乡话叫"蹈新"，汉语称为"过香"，其基本形式是本村本族人参加，跳香地点在跳香殿。如果村寨较小，修建不了专门的跳香殿，就在某个村民家堂屋里进行。在堂屋左侧设置香坛，五谷神及其他神祇供奉在堂屋侧面的香案上。有些小村常和相邻的村寨一起联合举办跳香节，所以过香日期相同。如果村寨较大人口多，跳香殿或堂屋内举办跳香祭祀活动场所不够用，便在村中选择一处较为宽敞的平地举办跳香节祭祀活动。

跳香主持者是闹沙（老司）。流传在古丈县讲乡话苗族地区的跳香过程是：由闹沙和香头确定的跳香节日子临近时，村村寨寨用新谷新米蒸酒，做豆腐，做糍粑。过香日当天，跳香闹沙按时而至，身穿长衣法袍，头戴五福冠，手持司刀，吹牛角进入香殿，在香殿把五个菩萨用香火祭祀一番。跳香祭祀活动大多在晚上进行。天黑后，香众用铁笼装上松膏块点燃照明，香坛在火把的照耀下，明亮辉煌，节日气氛十分浓厚。香众一般跳到半夜才散，村大族大的一直要跳到天亮。

在祭祀活动中，香众持五谷、供品跟随老司进入香坛，一应供品摆放在香案上。伴着铿锵有力的锣鼓声，闹沙带领所有香众在祭坛前转动起事，闹沙后面是经过训练的四名后生，他们手持三节竹棍，上面捆绑着包谷壳，在闹沙周围边跳边舞，称为"打筒"。他们和着锣鼓的节拍发出"呜呜"的呼喊声，舞蹈动作多为打荞、扮谷等农事内容，简单朴实，别具一格。所有参加跳香的人持香在一旁帮腔助唱，有的还加入舞者之中。一炷香后，"打筒"人轮换上场，闹沙稍做休息，再进行下一轮祭祀活动。

古丈县跳香整个过程大致可分为申法、安神、旋场、送神四道仪程。

（一）申法

申法又叫请神。主持跳香的闹沙穿上法衣，手持法器进场开路。进入祭坛焚香，呈上五谷祭品，人们放起鞭炮，打击乐队启动锣鼓。众人跟着闹沙绕坛转三圈，拜祭五方五位神灵。而后，闹沙吹奏牛角，在香坛旋场一周，口念咒语，且跪且拜请神。念完后拍敕令，吹牛角，摇动绺巾。每请一神,吟唱傩词一段。请神时,闹沙吹奏牛角,敲锣鼓者敲打锣鼓伴奏。管坛的人按闹沙指令在场内场外点香烧纸唱喏。

(二)安神传五谷

闹沙请完神祇后,开始安神,把神一位一位地请上祭坛入位。安神入位后传五谷,五谷主要是稻谷、苞谷、粟、芝麻和茶叶,也可以是稻谷、苞谷、麦子、大豆和茶叶。古丈县属于茶乡,在跳香祭祀活动中,人们自然把茶叶列入五谷之中。传五谷时,闹沙口念咒语,挖出先年埋在地下的坛子,开坛查看存放在里面的五谷,若色泽新鲜,预示来年五谷收成好,反之年成则差。然后,参加跳香的人以户为单位,把当年收获的五谷或次年准备栽种的作物种子每样一份放进坛子里,由跳香闹沙念咒作法,把盛五谷的坛子放进神像下的土洞中,以供下年跳香时取出查看。先年的种子,每个参加跳香的人都要取一粒或一份,不能多取多占,因为这是"衣禄米",保佑人们一年衣食无忧。如果挖出祭坛里的种子颜色欠佳,闹沙就要用发牒方式预卜,查找症结所在,用雄鸡驱赶邪恶。有些闹沙还要念咒语,把五瘟湿气收入碗(罐)中封上符篆,反扣于祭坛之下,寓意保地方平安,六畜无灾。

(三)旋场

旋场是跳香祭祀活动中的最热闹部分,人人参与。旋场有闹沙领童子旋场、众人围着闹沙群舞、闹沙独舞大旋场三个部分。闹沙领童子旋场又叫发童子,闹沙领着数个8~10岁的童子随着鼓点走三步罡,跳梅花格,然后领童子相互穿插旋转,舞动手中的竹节,跳出祭坛外,过沟过坎,时近半个小时,童子们旋转得头昏眼花,精疲力竭。然后闹沙念咒掐诀,猛拍敕令,摇动绺巾,童子们跪下。之后,闹沙给童子们送法水服下,带领童子向相反方向旋转数圈,此谓"退车",结束旋场。发童子时,观众也加入狂欢状态,排成八字形,跟着闹沙的步伐时走时跳,时歌时舞,旋转娱神。动作有"关公推车""观音合掌""黄龙缠腰""黄狗穿裆""懒婆娘挑水""美女梳头""怀中抱月""鸡公相啄""苏秦背剑"等，人们唱的唱，跳的跳，没有严格的舞蹈要求，认为越热闹就越达到娱神旨意。跳香的高潮是闹沙大旋场。大旋场时，闹沙吹牛角，单脚独立，用脚后跟在一茶枯饼上有节奏地旋转，不停地喊"玉皇、玉皇"，祈求玉皇赐予他更大的法力。场上锣鼓紧密，鞭炮连天，香众不断助威，所有人都进入狂欢状态。为了试探闹沙的法力，旁人用竹竿绊闹沙的脚，闹沙腾挪躲闪，急转慢动，法袍飘逸，以示有神灵相助。茶枯饼被闹沙脚后跟转通的一刹那，众人欢腾，闹沙几近癫狂状态，手舞足蹈地媚神，众人也随着闹沙舞蹈，再次进入狂欢状态。此后，闹沙猛然向人群抛出一方绺巾，锣鼓声停止，大旋场结束，寓意鬼魔、邪气、瘟神已被驱散。大旋场结束后，有条件的村寨还表演其他节目，如唱歌、打鼓、打筒、发七姑娘等。

祭坛上的斋粑斋豆腐香米酒均是用五谷做的，各家各户做好后在跳香时自愿放在祭坛上供神。大旋场结束时，闹沙念完经后把五谷祭品分送所有参加跳香的人。人们认为吃了神祇享用过的祭品会得到神灵庇护，一年无灾无难，无病无痛。

（四）送神

吃了斋粑斋豆腐香米酒后，闹沙便组织大家送神。大家围在祭坛前的水缸边，闹沙左手摇绺巾，右手在水面上画符，唱圣水歌，送众神归位，求神祇保佑平安。随后烧香焚纸，众人叩首，放鞭炮结束全部跳香仪程。[①]

据田仁利编著的《湘西土家族苗族自治州金石通纂》载，古丈县罗依溪镇黑塘坪村泥湾自然村于清嘉庆二十四年（1819）修建殿屋（俗称香堂），其修建碑文对跳香祭祀活动亦有记载，该村最后一次跳香祭祀活动在1950年。[②]龙山县里耶镇天堂村七组一碗水五谷庙碑文记载的祭祀主神是

---

① 李琳筠:《湘西"跳香"考略》，载《土家学刊》2009年第1期。
② 田仁利:《湘西土家族苗族自治州金石通纂》,《清嘉庆黑塘坪跳香殿碑》，湖南人民出版社，2015年，第246~248页。

玉皇大帝。[①]由此证实，清代至民国，湘西部分土家族地区，亦有举行跳香活动。

三、沅陵县跳香基本程序

沅陵苗族确定每年农历十月初一为跳香节，举行跳香祭祀活动，既欢庆一年的丰收，酬谢天皇大帝的恩赐，又祈求来年风调雨顺、五谷丰登，人们无病无灾。沅陵苗族以乡话称香殿为"太"，也称为"胸太"。跳香节多在香殿举行，参加人数数百人乃至千余人。跳香节这天，香头头顶天皇大帝像，香众着盛装，手擎青、白、红、黑、黄五色旗帜，列队徒步赶到香殿，参加一年一度的跳香节活动，气势庞大，热闹非凡。

沅陵跳香仪式和程序大致是：先由一位闹沙（老司）主持请神仪式，香头鸣金号众，率众蜂拥至香殿前。横排八人一队，队伍成纵向排列，秩序井然。接着，闹沙吹牛角三声，跪在蒲团上，口中念诵："日吉时良，天地开张，诸神迎进宝华仙殿……"尔后，闹沙再吹牛角并为前导，一童子携纱灯前行，参加跳香的香众男女跟随在后。在锣鼓唢呐伴奏下，随闹沙起舞。再后，闹沙狂舞旋转，再跪再拜重请玉皇大帝、五谷、龙王、收灾女神、收虫女神、骑龙、骑虎诸神，并唱迎神歌。最后，在香殿中央地下挖出先一年埋下的五谷（稻、苞谷、麦、粟、高粱），如果颜色新鲜，即预示着来年五谷丰登。

沅陵跳香祭祀仪式分为铺坛请师、申法请神、修殿架桥（游船）、传五谷、发童子、大旋场六个程序。

（一）铺坛请师

跳香中，老司的穿袍戴帽、铺设神像、摆放供品，都是法事的组成部分，都在鸣号（吹牛角）、发雷（打鼓）中进行，人们称之为铺坛。铺坛之后，老司开始踩罡步（踩八卦）、执诀（老司手语）、唱经请师。老司所

---

① 田仁利：《湘西土家族苗族自治州金石通纂》，《清道光天堂五谷庙碑》，湖南人民出版社，2015年，第225页。

请之师，包括前传后教的各位祖师、仙师，直到自己所承继的、已经逝世的各位师祖、师父，拜请各位前辈一同来到香坛，保佑跳香祭祀活动顺利进行。请师过后，即造圣水，老司在碗中的水里熏香画诀，使之成为法水。然后将法水喷向五方五位，让"天门得开，地门得亮，人民长清，鬼妖消灭，自然无秽"。

（二）申法请神

跳香祭祀活动所请的神灵有160位。老司每请一位神灵时，吟唱请神辞并旋场，然后搬出所请神灵的木制偶像安置在香坛上。跳香所祭之神，除了主祭神灵之外，有一部分是道教和佛教的神祇。在场与场之间，老司都要进行调场和旋场。旋场时老司以一足立于地面做旋转的支点，另一足抬起，在锣鼓声的配合下，随着锣鼓声的节奏在原地旋转，旋转速度时慢时快。

（三）修殿架桥

在这一仪程中，老司要模拟修造宫殿、架起仙桥的全过程。事先制作一只长1米、宽0.3米的纸扎游船，借助游船进行表演。老司用手提着或用绳子将游船挂在肩上进行模拟划船劳作的表演，合着鼓乐起舞调场，敕符游船。尔后，由香众抬起游船在溪河边烧化送走，老司跪拜，跳小旋场，证明瘟神已被送走。

（四）传五谷

传五谷是跳香祭祀中的重要环节，包含着酬神、娱神等内容。仪式开始后，参加跳香的各户把来年自己要种植的种子各取一把，交由老司放入"还阳罐"中，多余的在撒五谷时用。在锣鼓声中，老司带领香众且跪且拜且诵，旋转狂舞请神。在反复的吟唱和旋场之后，老司宣布诸神全部到达香坛。接着，将装着五谷种子的"还阳罐"密封好，在殿堂中央的地洞中埋下。众人打卦问答，预卜来年收成。为求傩神保佑，老司头戴傩面具，装扮成土地神，搬演傩戏"唱土地"。唱土地是锣鼓伴奏，一唱众和。为让傩神高兴，老司与鼓师以对白问答，将好话讲尽，也把丑话讲完，惹得围观人群哈哈大笑。傩戏演完，土地神领唱"十月农事歌"，众人合唱舞蹈。

（五）发童子

发童子首先要选择童子，参加祭祀的童子必须是父母双全、兄弟姐妹较多，年龄为8~10岁的儿童。童子人数按照参加跳香的寨子多少来确定，少则5人，多则10人。在发童子之前，每个童子自备一根有三个竹节的竹竿。香坛要燃烧烟火，敲响密集的锣鼓声，气氛热烈并充满神秘感。童子将竹竿交给老司，老司边跳边唱，作法后将法水灌到竹竿内，再将竹竿交给童子。接着，老司端出一碗清水，对水作手诀，使之成为法水，分别让各个童子喝上一口，以示入神。接着老司领众童子走"三步罡"、跳"梅花格"若干遍，带领童子"上车"旋场，一直旋到童子精疲力竭为止。然后，老司拍响敕令，摇动绺旗，所有童子停止旋转跪拜在香案前，老司将村寨祸福情况向童子发问。问毕，老司再让童子喝法水，领着童子反向旋场"退车"，整个程序与泸溪跳香基本一致。

（六）大旋场

大旋场程序开始时，鞭炮齐鸣，锣鼓喧天。老司吹着牛角，在一固定的物体上单腿旋转，有的是一个覆着的小坛子，有的是一块茶枯饼。茶枯饼旋穿后旋场结束。老司要预报来年的雨水情况，并回答围观群众的各种提问。

跳香期间不准吃荤，以示对五谷神的尊重和跳香者的虔诚。民间传说五谷神是斋菩萨，所以众人要吃主持人提供的斋豆腐，并唱"圣水"歌，祈求来年吉祥安康。仪式临近结束时，香头开始向群众抛撒糍粑，香众到处跑动争抢，抢到糍粑预示抢到吉利与富贵。最后是送神，老司领着所有香众肃立祈祷，共同蹬足拍手和着节拍唱起："金银花，凤凰花，东方升起红彩霞，美丽的花朵千万哟，瓦乡人最爱桐子花。"送神毕，整个跳香祭祀活动结束。①

泸溪县侯自佳在其所著《辰河苗巫探秘——跳香，人神共乐庆丰收》一文中，综合沅陵县沙金滩瞿姓、栗坡向姓、坳坪周姓等讲"乡话"苗族村寨跳香老司所藏跳香祭祀经文内容，并经过采访老司，确定沅陵县最初的跳香祭祀活动有八场法事。

第一场：铺坛。主要内容有老司吹牛角进场、发雷（起动锣鼓）、请前人（祖师）、铺垫子。铺坛后，老司按八卦方位走步。其步伐含春种、夏长、秋收、冬藏之意。接着请师、造圣水、请神。

第二场：发牒。主要是老司诵读牒文。

第三场：修宫宝殿。内容有修殿场、开地基、砌殿场、砍树、拖树、刨树、弹墨线、打榫眼、做花捶、排扇、穿排三道、竖屋、钉椽皮、盖瓦、封墙、安位、请神上位等24项。项与项之间老司要旋场。旋场方法有在小陶罐底部或茶枯饼上单脚旋转，在陶罐底部旋转陶罐不倒，在茶枯饼上旋转要将茶枯饼旋钻通。还有一种旋转方式，即老司以一个固定装置为中心，围绕固定装置以自转方式完成公转。其间，旁人用竹棍绊老司的双脚，老司以各种方式躲避，以不被绊倒表示技艺高超。在清水坪、棋坪、栗坡一带，老司旋场时，有两个青年男子手持丈余长的竹棍，口打吆喝随老司伴舞。旋场时，老司念咒、画符、造法水。据说喝下法水后，可使其不至于头昏倒下。

第五场：开坛。其内容为老司唱收瘟经文，用小陶罐把瘟神、风火怪殃收在罐内，用皮纸封罐口，外糊泥巴并盖印放在香殿供桌下，以保村寨清吉平安。第二天清晨，老司手持铃刀，将这个罐送到殿外，表示把瘟神、风火怪殃送走了。收瘟有五次，计收五个方面的瘟灾：第一次收村寨之内和各家各户灾殃，第二次收香主的灾殃，这两次收的是"麻瘟、豆瘟、五虎六耗"等，第三次收村寨园地虫灾，第四次收村寨火灾，第五次收"官衙口舌、小人是非"。

第六场：请神下位。老司身穿黑色法衣，戴天师帽。内容有请神安位，

---

① 孙文辉：《盘王祭：跳香》，《民间湖南（7-7）》，新浪博客，2009-03-05。

发童子。请神安位即将神安置在金交椅上。安位后发童子，烧生枞树叶制造烟火。在锣鼓声中，老司念诀起舞，围观的人中有人出来与之一起狂舞，在锣鼓配合下形成一种狂欢场面。狂舞者表现出被神灵附体的模样，有的是向老官人附体，有的是楠木将军附体，各有各式表演动作。老司在旁边念动咒语，控制场面。发童子后，进行贺神，内容有传茶、劝酒，宴请神灵、祖师。

第七场：拖钱解纸。主要内容是向神灵交纳礼物，其礼物就是纸钱。老司进行唱经作法、打筶，打得圣筶或阳筶表示神灵受领了。

第八场：化财结束。老司焚烧纸钱预测来年雨水情况，以指导人们安排农业生产。跳香的年轻人互相比赛掰断门闩糍粑，谁掰断的多谁得的吉利就多。乌龟和蛇形糍粑归头人所有，下一年跳香时将这些物品交给这一任的头人。化财结束后，众人吃香豆腐，而老司可以开荤。

侯自佳在记述了最初跳香八场仪式后，又记述了沅陵县后来演化的近代跳香仪式，分别是：请神与娱神、祭神与发牒、跳香与铺垫子、吃斋豆腐与取圣水四场祭仪。其内容与上述八场法事基本相同，只是场次不同而已，不再赘述。

从沅陵县苗族跳香祭仪情况看，出现了四场、六场、八场多种跳香祭仪方式。这可能是各地村寨跳香老司来源于不同的传教祖师，或是扩大跳香外延，抑或缩小跳香内涵而形成的。由此可见，沅陵县跳香活动不管祭仪多少，其祭祀主题是相同的，只是祭仪程序有所不同罢了。

四、城步苗族自治县"十月节"

湖南省城步苗族自治县"十月节"，又称"庆鼓堂"，苗语叫"打鼓坠"，属于苗族跳香祭祀活动的一种表现形式。盛行于该县白毛坪、兰蓉、大阳、蓬洞、丹口、平林等乡村。"十月节"在农历十月的戌日或亥日举行，主要是祭祀祖先神灵，庆贺五谷丰登。每年一小庆，三年一大庆。小庆为一天一夜，大庆为三天三夜。除在宽敞的平场举行盛大的众宴外，还举行隆重的祭祖娱乐活动。活动时，平场四周插三角形彩旗、青布凉伞，由十几人乃至几十人的队伍在平场上表演群体舞，这些群体舞多取材自神话故事。表演者脸戴鬼神面具，身着鬼神服装，手执鬼神道具，表演镇恶驱邪动作，模拟飞禽走兽和生产劳动的形态。边舞边唱请神歌、长鼓歌、踩田歌、望日歌、芦笙歌、领归歌、家公歌、三门歌、送神歌等。以大堂鼓、大锣、大钹、芦笙、唢呐、长号、牛角、铜铃伴奏。现仅白毛坪地区流传"庆鼓堂"活动。[①]

五、龙胜各族自治县苗族跳香

广西壮族自治区龙胜各族自治县苗族跳香主要流传在该县伟江乡苗族村寨和乐江乡凉坪一带苗族地区。苗族跳香与其赖以生息繁衍的农业、狩猎业有关，带有浓厚的农业特色。苗族先民认为他们能够获得丰收，是因为有神灵在帮助他们。所以，五谷神就成为他们十分崇拜的神。在苗族祖先的迁徙过程中，相当一部分食物来源于狩猎。在山区，野兽比较多，不仅损坏粮食，也伤害人类。因此，为了求得丰收和人身安全，梅山神应运而生。苗族五谷神、梅山神产生后，便形成了奉献、祭祀这些神灵的跳香活动。

在龙胜各族自治县，跳香又称"落香"，是苗族人民庆祝丰收、酬谢神灵的祭祀活动。跳香一般在秋后农历十月举行，个别地方在农历冬月（十一月）举行，少则一天一夜，多则三天三夜。龙胜苗族跳香目的是祈求五谷丰收，保佑人畜平安。一般一年或三年举行一次，祭祀的神灵以五谷神为主，同时也包括梅山神、飞山神、列祖列宗，兼祭山魈、水魈、都头等神灵，既有善神，又有恶神。

跳香的程序一般为上香、立坛、发兵、跳香、大团圆五个程序。跳香仪式开始，一老司头戴五福冠，插小旗，穿法衣，右手拿师刀，左手执排印，在香坛前念咒、舞蹈，名曰"踏九州"。另一老司吹牛角，演示发兵模样。鼓手击鼓鸣锣。为诸神安位。跳香活动的主要内容是唱《保山歌》和

---

① 孙文辉：《盘王祭：还盘王愿》，《民间湖南（7-7）》，新浪博客，2009-03-05。

跳跳香舞，属典型的宗教歌舞，专门用于祭祀，娱神的意味比较浓厚。表演跳香舞时，由一老司模拟劳动生产动作，边唱边舞。《保山歌》分为《供祖先》《愆保山》《落山魁》《落水魁》《都头歌》五个部分。"跳香舞"与生产劳动联系紧密，它全部模仿农事动作，把砍畬、烧地、挖地、播种、扯草、中耕、收割等农事活动，由老司以舞蹈形式表现出来，并用大锣大鼓伴奏。①

---

① 陈远岸：《龙胜苗族跳香》，载《桂林晚报》，2010-08-20。

第 七 章

跳香老司功法及法器

第一节　职业性质

从事巫傩法事的人，泸溪县汉语称为"老司"，在苗族村寨叫"巴潶"，在瓦乡村寨叫"闹沙"，在土家族村寨叫"土老司"，是巫傩文化的传承者，又是巫傩活动的操持者，在巫傩法事中起到沟通神灵和人间的中介作用。不管是"巴潶""闹沙"，还是"土老司"，其巫傩文化的表演形式没有多大区别。

老司和道士是有区别的。老司在巫傩法事活动中大都着红衣，俗称"红衣老司"，从事巫傩法事和道场法事。而道士都是穿黑衣的，俗称"黑衣道士"，其活动主要是做道场法事，不做巫傩法事。在湘西苗族民间，人们的信仰最先反映在所谓能沟通人、神、鬼的老司身上，老司是祭祀活动的领导者和主持者，祭祀活动的产生和传承与老司是分不开的。

泸溪苗族地区巫傩文化（巫教）与道教、佛教相互借鉴融合，巫中有道，巫中有佛。老司作为巫傩文化的传承载体，巫傩祭祀活动就自然成为职业，亦农亦技。

祭祀活动从规模和内容上可分为做大法事和做小法事两种。做大法事主要有还傩愿、跳香、道场法事等；做小法事主要是为儿童渡关解煞、取吓招魂、打天狗解煞等。做大法事，时间长很辛苦，做小法事，时间短较轻松。

第二节　主要功法

老司大多数是祖传形式传承的，也有跟师学艺传承的。他们作为巫傩文化的传承者，除了要具备天分、缘分、本分和勤奋之外，还需具备一定的功法。

一、写功

老司必须具备一定的文化功底，文化程度越高，其接受巫傩法事技艺的能力越强，并且还会将巫傩法事技艺创新发展。写功除会书写正宗的原始符箓外，还需写出具有特色的祭祀文字，这些祭祀文字有组合字文、意象字文等，似字非字，写法特别，极有特色，形式章法要求很严。这些只有老司能够书写出来，也只有他们认得出来。

二、画功

祭祀活动中的神图、牌位图像很多，做道场扎孝堂需要画的人像、禽畜、山水等不少，老司不仅要会画而且要画得好，着色正确，使画面活灵活现，古色古香。同时，要求老司了解并熟知所绘内容的历史出处及其功用。

三、扎功

在泸溪县"六堡后山"地区，遇到巫傩、丧葬法事都必须设祭坛、扎孝堂牌楼。祭坛、扎孝堂牌楼中有许多搭架、竹扎、木扎、纸扎等工艺，这些扎功十分重要，要扎得逼真，显得庄严肃穆，宛如宫殿一般。这需要老司不仅会设计，还懂得扎艺。

四、剪功

在祭祀活动中，老司要用剪刀剪出纸马长钱、吊图吊挂、各种花卉、飞禽走兽、各类人物、绺旗旗号等图案。这些图案名目繁多、花样丰富，精细的剪纸功夫能使祭坛琳琅满目，赏心悦目。

五、吹功

老司吹奏的号角主要且常用的是牛角、海螺，作为老司必须熟练掌握，即吹即响，什么时候该吹牛角、什么时候该吹海螺，都要掌握运用到位，以增强祭祀活动的庄重肃穆感。牛角、海螺经过加工后基本保持原样，直接吹响。牛角口是不能安装哨子的，如果安装了哨子，什么人都能吹响，那就显示不了老司功法，而且也不会灵验。

六、打功

巫傩法事活动中的乐器有鼓、锣、钹、包锣、胎锣等多种，并有一套严格的打击乐谱曲牌，打击乐若不到位则乱了章法，使祭祀活动无法进行。作为老司要做到即拿即打，随拿随打，一打即合。尤其在法事表演中，老司边念唱边打小钹，既要与打击乐队相融合，还要指挥整个打击乐队的敲打演奏，一功多用。打击乐谱有闹台锣鼓、慢板锣鼓、快板锣鼓、长声锣鼓、唢呐锣鼓等多种。

七、舞功

不同的祭祀活动有不同的舞蹈动作，如绺旗舞、司刀舞、鬼刀舞、牛角舞、罡步舞、扫邪舞、旋场舞、傩戏舞、农事舞、唱神灵舞、跳香舞等，作为老司必须熟练掌握。如在跳香祭祀活动的结尾阶段，老司要站在一块茶枯饼上起舞旋转，一直到茶枯饼中间部位被旋钻通为止，连续旋转至少要一个小时，这是需要经过长期练习才能达到的境界。

八、诵功

在古代苗民普遍不识文字的情况下，巫傩法事活动中的祭词全靠老司口耳相传，记忆背诵，而且诵词大都是跪在地上进行，过程长而艰辛。同时，要求老司在念诵祭词中必须吐词清晰，不能出现断词、断句或含糊不清的情况，因此，必须具备过硬的诵功。

九、唱功

巫傩法事中的老司唱腔和曲调常用的有多种。在什么场合、什么时间用什么腔调，都被规定得十分严格，老司必须熟练掌握和演唱。

十、跪功

在巫傩法事中，穿插有许多要跪着唱或诵的环节。如在为亡故父母守孝满三年后的"缴灵"法事中，老司与事主长时间双膝跪在地上，边敲木鱼边诵唱经文。如果坐着诵唱经文，则会被旁人嗤笑，而且对神灵也不敬重。因此，没有一定跪功是完不成法事任务的。

十一、武功

老司还要具备一定的武术功底。在跳香、还傩愿等巫傩法事中，夹杂着许多武术动作。如开山傩和打童子，需要老司在前面带领人员表演开山和表示农事活动的武术动作。巫傩法事功底比较扎实的老司，均懂得武术套路。

第三节　主要技艺

一、手诀

手诀是道巫法事活动中常用的法术，起到感召神灵、保佑平安、扫瘟除邪的作用，与符箓、咒语、步罡共同构成道巫法事的基本形体动作。在跳香等法事活动中，老司所施法术按照"一诀二罡三符四咒"方法进行，手诀的重要性远超过咒语及符箓。

老司的手诀表达有很多种，在祭祀活动中做出各种手势动作，表示不同的含义。手诀表达方法是，双手握在一起，十指按照勾、按、屈、伸、拧、扭、旋、翻等指法与手掌构成各种诀语形态，以此表达特定法术含义，包含乾坤、阴阳等宇宙万物的信息。每一种手诀代表一种符号，象征着一种事物。在手诀动作中，上掌表示阳，代表天，即易卦中的乾，在人事中代表男。下掌表示阴，代表地，即易卦中的坤，在人事中代表女。双掌相合拍打则表示阴阳相合，造化而生万物。双掌两个大拇指表示上方下方，其余八根手指表示八卦之八方，总合为十方。老司在法事中运用手诀来强调其作为与神灵沟通的个体特殊性，突出其通天神力的权威，使人们对其功力深信不疑，使整体仪式合法化。手诀一直被老司以仪规的形式固定并传承，至今仍然没有丝毫的改变，是老司文化的精华所在。

因其诀是通过手指变化来表现，故称为手诀。由于其被赋予了通神灵鬼怪的功用，又称为"法诀""神诀"。手指变化的手诀称为掐诀，是在手指上确定某位或者手指间结成某个固定姿势来表现，其方法有单手和双手两种。在跳香祭祀活动中，念咒、步罡、结坛、召将、施禁、收邪、祈禳等各个环节都有手诀。手诀用得多的有开坛仪程的起师请神环节，申法仪程的各家各户"推送"（除邪扫瘟）及烧游船送瘟神环节，发童子仪程中送童子"上车""推车"及口咬火犁退煞环节，种五谷仪程中的开五谷种粮库等环节，大旋场仪程中旋钻茶枯饼环节和扫场送神环节。

手诀的基本内容是诀文，诀文是指在掌指上某一固定部位象征诸天星斗、天干地支、九宫八卦、五行方位、二十八宿等。在跳香祭祀活动中手诀有36种，常用的手诀如下。

天罡诀。先以小指从四指里面插入中指背，以食指勾定小指头，无名指曲在小指背，直伸中指，以拇指掐煞文为印。用于步罡、符咒、造水等环节。

玉皇诀。掐中指中节右侧。用于延请玉皇大帝或其他主祭神祇。

三清诀。无名指和中指弯曲向掌心位置，大拇指、食指、小拇指朝上伸展，形成鼎状。用于延请三清尊神。

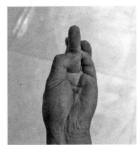 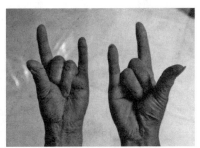

天罡诀　　　　玉皇诀　　　　三清诀

老君诀。左手拇指掐食指第一节。用于延请老君降临。

祖师诀。食指、无名指压中指，拇指掐中指中节和小指上节。用于延请祖师爷。

本师诀。左手小指从四指后入中指根，四指曲掐掌心，用中指勾定小指，用拇指掐中指中节弹出，拇指掐食指根。延请本师时使用。

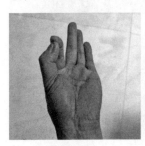 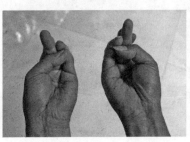 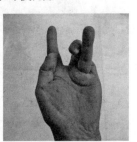

老君诀　　　　　祖师诀　　　　　本师诀

发兵诀。左手拇指压中指，掐无名指甲下。在发兵马时使用，用来恭请功曹和天兵天将前来相助法事活动。

都监诀。左手拇指压住食指中指，掐无名指根部关节线，无名指、小指压拇指。代表统领鬼兵的兵马都监，在行法收邪统领兵马时使用。

功曹诀。左手拇指掐食指中节，作勾向面前势。用于勾功曹听候法旨。

 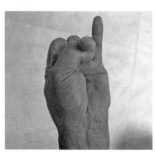 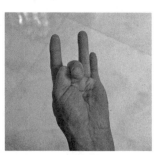

发兵诀　　　　　　都监诀　　　　　　功曹诀

水诀。拇指掐左手中指第三节下。

火诀。拇指掐左手中指第三节左边。

木诀。拇指掐左手食指第二节下部。

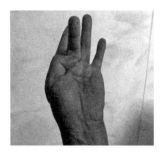 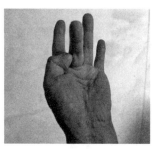 

水诀　　　　　　火诀　　　　　　木诀

金诀。拇指掐右手小指第三节。

土诀。拇指掐左手无名指第三节。

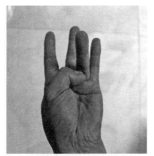

金诀　　　　　　　土诀

金木水火土五行诀主要用于祭祀法事中请神后的立营扎寨。

造桥诀。两手各以拇指搭住小指，其余三指竖直；然后左前右后叠起。用于造桥环节。

开山诀。无名指和小指内勾，拇指压无名指、小指，食指和中指前伸。用于开山和开粮库。

剑诀。无名指压小指，拇指掐小指内勾，食指和中指前伸。多用于扫瘟除邪。

造桥诀　　　　　　　开山诀　　　　　　　剑诀

杀鬼诀。左手拇指先掐食指根部，然后从食指一、二节之间挑出。在扫瘟除邪斩鬼时使用。

收瘟诀。拇指压食指、中指，掐无名指和小指根部。进入村民家堂屋扫瘟时使用。

送神诀。右手中指穿过左手掌心，食指和无名指与左手食指、中指、无名指互相交叉掐拢，右手拇指和小指外伸，左手拇指和食指打开呈八字形。用于扫场时送神。

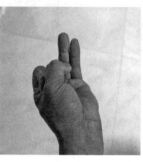

杀鬼诀　　　　　　　收瘟诀　　　　　　　　送神诀

二、祭词

老司祭词在巫傩法事活动中通过诵、吟、念、唱的形式来传达。祭词语言工整对称，平仄严谨，韵脚清晰，词汇古朴，优雅精美，诵吟顺畅，涵盖面广，涉及度深。在跳香法事中，唱词大部分为四句式，一二四句押尾韵，第三句不押韵。而在道场法事中，既有四句式，更有叠层式，一首四句式唱词是一首诗，一首叠层式唱词便是一首词。这些都是靠老司背诵熟练，并代代口耳相传。

三、符箓

老司所用的符箓，实际上是一种原始符号。符箓术起源于巫觋，始见于东汉。《后汉书·方术传》载："河南有麴圣卿，善为丹书符劾，厌杀鬼神而使命之。"在长期传习符箓术的过程中，术士创造了纷繁的符箓道法，造作了众多的符书。据考证，符箓原来是为水井流出之水洗光了的黄石所显现的一种符号，人们用这块奇石磨水当药治百病，化异物。后来由于石头磨完，老司便将这些符号画在黄纸上，或烧化吞服，或挂在大门、窗户上或室内各个门及床头上，以治病祛邪，于是便出现了符箓。不管大法事或小法事，都要用上这些符箓。

画符箓是老司的基本功之一。符箓用纸是黄色纸张。画符前，先要净心，聚精会神，诚心诚意，清除杂念，思想专注，还要净身、净面、净手、漱口，并预备好水果、米酒、香烛等祭物祭神，备好笔墨、朱砂、黄纸等。这些用品，老司用神咒来敕，以使其具有神威。画符时间选择子时或亥时，此时正值阳消阴长、阴阳交接之时，灵气最重。其次午、卯、酉时亦可。

四、咒语

在跳香祭祀仪式中，除手诀、符箓外，念咒语是老司必不可少的技能。咒语是一种被认为对鬼神或自然物有感应或禁令的神秘语言，这种语言具有使人们在无法控制神祇力量时保持心理平衡和生活信心的文化功能。

咒语就其语言内容而言，有向天神祈求者，大多为陈述心愿、颂扬威德之词；有向一般神灵进行呼召役遣者，大多为命令之语；有向鬼蜮进行诅咒、呵斥者，大多为斥责、威吓之词。其语言形式，多为三言、四言、五言、七言组成的韵语，少数为长短不齐的无韵语。老司念咒，有出声的念，有默念（称为心咒、秘咒）。念咒时，配合手诀进行。

咒语在跳香法事中广泛运用，结坛时有开坛咒、净坛咒，造水时有敕水咒，登场时有卫灵咒，画符时有书符咒，步罡时有步罡咒，请神时常用请神总咒。敕符造船、除邪扫瘟、开粮库、唱土地、打童子、大旋场、扫场、送神等环节也都有相应咒语。咒语多达36种。

咒语最后一句常常用"吾奉太上老君，急急如律令"，这是因为汉代诏书和檄文最后结束句常有"如律令"一语，意指按法令执行，在语气上有违律必究的意味。这种官方套语被民间巫师所吸收。因各类法事咒语较多，本节仅记述泸溪跳香法事主要咒语。

（一）开坛仪程咒语

开坛咒：吾将祖师令，急往天庭地府，急召各路神祇，火速赶到香筵，不得迟延，不得违令。吾奉太上老君，急急如律令！

开旗咒：五雷猛将，火车将军，腾天倒地，驱雷奔云，队仗千万，统领神兵，开旗急召，不得稽停。吾奉太上老君，急急如律令！

净香咒：三天之上，以道为尊，万法之中，焚香为首。今以道香、德香、无为香、无为清静自然香、灵宝惠香，超三界三境，遥瞻百拜真香。吾奉太上老君，急急如律令！

净坛咒：众神临法坛，金钟响玉音；百秽藏九地，诸魔伏骞林；天花散法雨，法鼓振迷层；诸天赓善哉，金童舞瑶琴；愿倾八霞光，照依归依心。吾奉太上老君，急急如律令！

请神总咒：燃起清香请神灵，香烟袅袅呈天门。金乌腾飞似云箭，玉兔奔走似车轮。南辰北斗满天照，五彩祥云降纷纷。紫微宫中开圣殿，蟠桃宴里请众神。千里路途香延请，腾云驾雾降来临。拜请本坛三恩主，列圣金刚众诸尊，玄天真武大将军，五方五帝显如云，香山雪山诸位圣，金吒木吒哪吒临。扶到乩童来开口，指点弟子甚分明。吾奉太上老君，急急如律令！

造水咒：弟子起手成诀，动步成罡。何人造水？上界张天师造水，下界李天师造水，玉皇大印造水，玉皇小印造水，五百仙人造水，五百蛟龙造水，变上五龙造水，化上五龙造水，刀兵造水，弩兵造水，铜板刀刃造水，铁板道人造水，祖师造水，本师造水，弟子造下圣净水。吾奉太上老君，急急如律令！

（二）申法仪程咒语

文疏咒：稽首皈依天地间，路起祥烟，三界十方悉闻伏受真言。天仙地仙水府阳源，使功曹何事奏表传言。吾奉太上老君，急急如律令！

敕符咒：神符炉中香烟喷，喷进奏上玉皇门，奏得玉皇行敕令，四边官将显威灵。奉请五方敕符帅，敕符童子和将军，天上敕符天也动，地上敕符地也惊。神起神符到东方，东方青帝现真身；神起神符到南方，南方赤帝现真身；神起神符到西方，白衣大帝现真身；神起神符到北方，北方黑帝现真身；神起神符到中央，敕下神符法事行。吾奉太上老君，急急如律令！

造船咒：坛场一惊，法事当行。惊动何神？惊动五方五位，行通敕符造船将军，童子郎下坛场。下吾坛场无别事，敕符造船即须行。吾奉太上老君，急急如律令！

敕瘟咒：敕东方青瘟之鬼，腐木之精；南方赤瘟之鬼，炎火之精；西方白瘟之鬼，恶金之精；北方黑瘟之鬼，溷池之精；中方黄瘟之鬼，粪土之精。四时八节，因旺而生。神不内养，外作邪精。五毒之气，入人身形。或寒或热，五体不宁。九丑之鬼，知汝名字。吾奉太上老君，急急如律令！

收瘟除邪咒：发兵前去，发马前行，来到信士户主家中，收了天殃地灾，风烛火殃，五瘟时气，邪神五鬼，浪荡神祇黑处不要躲，亮处不要藏，阳光不照处，弟子一收便来，二收便到，收在九天云中，十天云雾。吾奉太上老君，急急如律令！

钉桃符咒：天上画起人行路，地下画起陷鬼坑，人到有路常行走，鬼到无门打转身，隔断黄河万里之城。吾奉太上老君，急急如律令！

送瘟咒：天灵灵，地灵灵，人精神，神化身，礼礼拜，拜河神。千重山，万重水，河水起波浪，浪生云，云生烟。开江童子开江路，开江童子收瘟神，寸寸毫光来接应，随水流走永不临。吾奉太上老君，急急如律令！

杀鬼咒：太上老君教我杀鬼，与我神方。上呼玉女，收摄不祥。登山石裂，佩戴印章。头戴华盖，足蹑魁罡，左扶六甲，右卫六丁。前有黄神，后有越章。神师杀伐，不避豪强，先杀恶鬼，后斩夜光。何神不伏，何鬼敢当？吾奉太上老君，急急如律令！

（三）种五谷仪程咒语

开山咒：弟子奉令开山门，惊动天地五猖兵。祖师前行斩荆棘，弟子后随喊三声。十万天地众仙兵，十万山头草踏坪。吾奉太上老君，急急如律令！

开粮库咒：弟子奉我皇敕令，来到五谷院中打开五谷种粮库，守库神兵不要阻拦，不要拖延，凡间信士要依时而耕，顺时而种，不敢耽搁农时。吾奉太上老君，急急如律令！

请土地神咒：此间土地，神之最灵。升天达地，出幽入冥。为吾关奏，不得留停。有功之日，名书上清。吾奉太上老君，急急如律令！

开荒动土咒：天圆地方，律令九章。今日破土，一切吉祥。金锄飞舞，普扫不祥。山神厚土，闪在一旁。吾奉太上老君，急急如律令！

（四）发童子仪程咒语

请神咒：坛场一惊，法事当行。惊动何神？惊动五方五位将军，童子郎下坛场。下吾坛场无别事，吉凶祸福报端详。吾奉太上老君，急急如律令！

入灵咒：天清清，地灵灵，五方神童降来临，降吾坛场听吾令，吉凶祸福报分明。敕下一道入灵诀，妖魔邪神不敢侵。神兵神将排左右，祖师本师前后跟。吾奉太上老君，急急如律令！

退车咒：天清清，地灵灵，五方童子勒马回，五方童子下马归。有事焚香再奉请，无事莫停退神归。凡童子三魂七魄齐归本体，十二元神归本身。吾奉太上老君，急急如律令！

驱鬼咒：五星镇彩，光照玄冥，千神万圣，护我真灵。巨天猛兽，制伏五兵。五天魔鬼，亡身灭形。所在之处，万神奉迎。吾奉太上老君，急急如律令！

（五）大旋场仪程咒语

送神咒：法事已毕，奉送众神登车上马，回鸾转驾。来有真香奉请，去有钱财奉送，来要留恩，去要赐福。有堂归堂，有殿归殿，有马骑马，有船乘船。无堂无殿者，腾云驾雾各归本位。吾奉太上老君，急急如律令！

扫场咒：此鸡不是非凡鸡，西天王母报晓鸡，头带红冠，身穿五色衣，别人拿来无用处，弟子拿来扫瘟神。一扫天煞地煞，二扫凶神恶煞，三扫天殃地殃风烛殃，隔在他乡千里之外。弟子一送一千里，二送二千里，三送三千八百六十五里，若有一神不尊，弟子斩杀雄鸡一只，见血如实。

第四节　祭祀穿戴及法器

一、穿戴

（一）法衣

老司行傩做大法事时穿的法衣大多为红色，无领，对胸，大袖，长服拖地，背绣蟠龙图案。还有青色和黑色法衣，用于平常做小法事时穿。红色法衣称为"天师袍"，着"天师袍"者称为"红衣老司"；着青色或黑色法衣者称为"青衣老司"或"黑衣老司"。

（二）法帽

红衣老司戴的法帽称为师綖，又称五福冠、天师帽。师綖的主要构成部分为五块竖起的硬纸板，每块纸板宽一寸，正中一块长五寸，其余两边各两块长四寸，用青线把五块硬纸板并排连缀在一块长形厚布带上。纸板上画有五个神灵的图像，从左至右依次是三清、天地、日月、祖师、太上老君，是巫傩法事祭祀中重要的神祇。师綖左右分别写有"日""月"两字，中间镶有两龙两凤。在巫傩法事中，老司先戴上小天师帽，将五块纸板构成的师綖均匀地竖立在前额上。戴上这种法帽的老司，一看便知道是掌坛师。青衣老司戴的是黑布做的小天师帽，山形样式，有的还在帽檐写有"道"字。在跳香、还傩愿祭祀活动中，戴上这种法帽的，一看便知是助手老司。"道"并不是专用道教，实际是道教与巫教的合一。老司在做道场法事中还戴一种用白布扎成的"老司帽"，是孝家送的白布帕现场手工扎成的，在不做法事时戴，上祭者一看便知道其是掌坛老司，用于区分。

红衣老司（掌堂师）法帽一——师缎

红衣老司（掌堂师）法帽二——五福冠

青衣老司（助手）法帽一——天师帽

青衣老司（助手）法帽二

二、法器

（一）牛角

　　属于唇振气鸣乐器。通常用水牛角制作，里外经过打磨，非常光滑。在角尖处用锋利铁器钻通。吹响时发出"日—鲁"的声响，显示神威。技艺高超的老司都不在角尖安装铜嘴哨子，全凭自身气息吹奏。

法器——牛角

牛角是各种巫傩法事中的重要法器，以此发布号令，意味着老司可吹开天门地府，调集兵马，带领天兵天将斩妖除邪。

（二）海螺

以海螺壳作为号角在清代很普遍，海螺号为军用号角器材，一般选用右旋生长的海螺制成。清《八旗通志·兵志军器》中载："凡给发军器，金鼓以示进退之节，海螺以定朝昏之聚散，旗纛以一瞻视，甲胄以卫身，器械以制敌……"海螺号角长30厘米左右，肩部直径15厘米左右，螺尾经过打磨，去掉尾端，形成螺口，螺体保持原状。使用时右手持螺心，用嘴对准螺尾口部猛吹，发出"呜呜"的声响。海螺号角退出军用器材后，逐步运用到巫傩法事中，其作用与牛角一样，起到调兵遣将作用。

法器二——海螺

（三）筶子

筶子是老司进行巫傩法事活动的必用之物，不管是大法事还是小法事都要用上它。还有仙娘、掌管庵堂庙宇的主持人也用。筶子用牛角、竹蔸或硬木制成，呈尖形。把牛角尖端、竹蔸或硬木从正中对剖开，制成牛角形状，中间刻数道凹槽，即成筶子。筶子主要用以卜问。卜问的筶象有三种：阴筶、阳筶、神筶。老司做法事时将筶子抛向地面，称为抛筶。抛筶时两片筶子都覆着，剖面朝地是阴筶；两片筶子都翻着，剖面朝天是阳筶；两片筶子一翻一覆是神筶。如果抛筶时出现所需要的筶象，那就表示鬼神同意老司代表主家提出的祈求与愿望。否则，老司就要继续唱经作法，反复多次抛筶，以

法器三——筶子

求得神灵同意。三种筶象各有主管人，各有不同的含义与职权范围。主管阴筶的是傩公，司职镇鬼驱邪、律令神灵和军事行动。主管阳筶的是傩母，司职招财进宝、五谷丰登和人丁兴旺。主管神筶的是老司的历代祖师爷，司职调和平衡。跳香老司在祭祀活动中必须拥有三对筶子，分别打筶。

法器四——司刀

（四）司刀

司刀是铜匠或铁匠打制而成的，下部分是一个铜环，直径约26厘米，筷子粗细，套有五个小铁环或铜钱。上部分是一个铁把手，扁平形，长16厘米左右。摇动时，发出叮哐叮哐的响声，又称为铃刀。

（五）印章

法器五——印章

老司所用法事印章有木雕和铜质两种。印章为正方形，印文雕刻的大多是辰州符，一般在发文牒、写符箓、封包财上加盖印章，表示对神灵负责，证实这些物品都是老司自己动手制作并已经祖师爷同意的，可以受用。

（六）敕令

法器六——敕令

敕令即令牌。令牌有木制和铁制两种，形似惊堂木，长约13厘米，高约7厘米，宽约4厘米。刻有八卦符号和罡字，也有的不刻字。令牌用于驱逐鬼邪煞气时拍打，用于下令时的告知，宣告法力生效以及惩罚的结果。在巫傩法事中还起到指挥打击乐队起鼓和收鼓的作用。

（七）绺旗

由铜杆、铜铃、五色缎带组成。铜杆为铜制，两端各有3个铜铃，中间钉有青、赤、白、黑、黄五种颜色布缎面飘带，代表东、南、西、北、中五方五位。每条飘带上绣有花卉、飞鸟、蝴蝶、如意等形状的纹饰。老司做法事时左手持之挥舞，意在祈求保佑平安富贵、生子、及第等。

法器七——绺旗

（八）笏板

笏板又称手板、玉板、朝笏或朝板。笏板是古代臣下上殿面君时的工具。古时候文武大臣朝见君王时，双手执笏以记录君命或旨意，亦可以将要对君王上奏的话记在笏板上，以防止遗忘。笏板的长度80厘米，中宽10厘米，用玉、象牙、铜或竹

法器八——笏板

制成。笏板在商朝就开始使用，是古代中国官员使用时间最长的一种办公用品。在巫傩法事中，老司仿照古代文武大臣手执笏板朝见君王方式，在祭祀时双手持铜笏板向主祭神灵禀报法事进行状况。同时，也将神灵嘱托通过铜笏记载，传递给信众。

（九）摇铃

也叫铜铃。摇铃为古钟形状，上部安装木柄，长30厘米，直径1.5厘米左右。木柄左右两端安装铜箍，各安1个铃铛，中间安有3个铃铛，象征法事中的五行，即五方五位。在巫傩文化系统中，铜铃被认为具有避邪化煞的作用和招财的效果，化五

法器九——摇铃

黄煞效果尤佳，护宅、赐福的作用也很大。铜铃摇动时叮当作响，据说声音也有降福驱邪的作用。祭祀时老司左手持铜铃，右手拿司刀，边摇铃边抖刀，边舞蹈边念唱，歌颂祖先创业功绩，祈祷先人安宁，祈求神灵庇护后人幸福安康。

法器十——竹马鞭

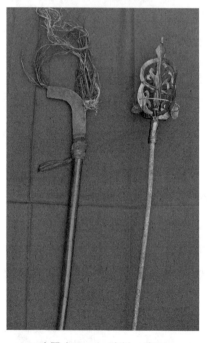

法器十一——法杖、鬼刀

法器十二——桥布

（十）竹马鞭

竹鞭是竹类植物在土壤中横向生长的地下茎根。竹鞭上有节，节上生根，称为鞭根。巫傩法事中，老司用的竹鞭是山竹竹鞭，长50厘米左右，如筷子般粗细。在祭祀活动中，竹马鞭的作用是赶马驱邪，在五方五位地上画符箓避邪送瘟等。

（十一）鬼刀

形状与长柄柴刀相似，由刀和木柄两部分构成。刀是铁器打制而成，长约35厘米，前弯扁形，后为刀筒。木柄如柴刀柄一般粗，长1米左右，前尖后圆，木尖部分插入刀筒连接。在跳香法事中，主要用于开山傩舞、除邪扫瘟、驱鬼以及表演农事动作等，并被赋予驱鬼除邪功用。

（十二）桥布

桥布长3米，宽35厘米，白底，布面画有龙船、艄公、天兵天将、地兵地将、五猖兵马等。其作用是架起人神之间的桥梁，使神祇通过桥梁来到香坛，为村寨祛除五瘟邪气。

第五节　傩面具

在跳香祭祀中，傩舞、傩戏占有一定内容，主要出现在开坛仪程中开山傩环节和种五谷仪程中唱神灵环节。表演者都戴着傩面具，使香坛体现出一定的神秘感。傩面具是祭仪中使用的道具，是原始图腾的再现，是祛灾纳祥的象征。傩面具经历了从原始神灵崇拜到娱神、娱人的类型变化，具有宗教艺术的特点和民间艺术的特征。傩面具根植于民间，凝聚了世代民众的审美情趣，更反映出人的一种本质力量，许多傩面具堪称艺术精品。面具特征或写实、或抽象，粗犷狰狞，具有驱鬼避邪、祈福佑吉、除病灭灾、镇宅求子等多重功能。

泸溪县傩面具种类繁多，有十二生肖和三十六诸天罡以及地狱判官、小鬼、牛头马面等数十种。按功能造型可分为祭祀面具、驱鬼面具、开山面具、跳香面具等，并广泛应用于驱鬼逐疫、祭祀等多种民间活动之中，体现了一个民族或一方百姓的生活风貌、宗教信仰和民族心理。傩面具根据使用场合分为三大类，一类在民众生活生产中使用，一类在傩戏表演中使用，还有一类就是在巫傩法事中使用。傩面具根据所绘形象特点分为五种类型。

（1）正神面具。形象正直善良、圣洁安详、和蔼可亲，如傩公傩母、土地公公婆婆、消灾和尚、唐代太婆等。

（2）凶神面具。形象威猛勇武、凶悍怪异、冷酷狂傲，如二郎神、龙王、开山莽将、降山、搬山、倒山、吞口、灵官等，他们一般能镇邪解煞，禳灾除祸。

（3）丑角面具。形象滑稽、风趣、幽默，甚至夸张变形、五官失调，一般在傩戏中运用较多。如傩戏中算命先生与最有趣的琴童面具等。

（4）牛头马面。属于阴曹地府的鬼怪系列，形象吓人、阴冷，对子眼、青面白獠牙、长吊舌、披头散发，代表冤魂、妖魔鬼怪等角色。

（5）英雄面具。形象雄伟、豪放、勇敢、顽强、气宇轩昂，具有一往无前、无私奉献的品质，大多为祖先神、领袖人物与著名历史人物。如关公、马援、蚩尤、神农氏等。

傩面具的制作是个细致的工艺过程。首先是选料。一般选择泡桐树、水柳树和白杨树，这些树木轻软，不易霉变腐朽，便于长期保存，是最佳材质。面具造型一般比人脸要大，以能遮盖人脸为准则。其次是下料。将面部的基本模型做出来，然后进行精雕细刻，凸现神灵的个性特征，使每个面具各具神韵、性格鲜明。造型偏重艺术夸张，突出主题，刻画出忠诚、正直、刚毅、凶悍、英武、狂傲、奸诈、艳丽、善良等各种特征。再次是眼、眉制作。运用多种艺术加工手段把眼睛做得有神，很有活力。在傩面具工艺中，一般分为"实眼"与"虚眼"两种处理方法。实眼就是直接在面具上刻制眼睛，强调"男豹、女凤、善正、邪歪"形象，根据需要处理眼睛大小、形状，或夸张、或凸出、或变形，达到强烈的艺术效果。虚眼就是挖空眼球部位，戴上面具后，刚好用人眼替代，便于表演。眉毛分为秀眉、柳叶眉、新月眉、卧蚕眉、浓眉、长绺眉、箭眉、竖眉、怒眉、倒眉、八字眉、无眉毛等多种形态。最后是色彩运用。一般来说，以自然世俗的色彩为主。肤色白嫩则涂之以白；脸皮发黄便涂之以黄；皮肤黝黑便涂之以黑。现在比较讲究艺术程式，如红色代表血气方刚，黄色代表思想成熟，蓝色代表庙堂中阴色鬼气，白色代表纯净与不可捉摸，黑色代表健康勇敢和神秘。2008年，泸溪傩面具入选湖南省第二批非物质文化遗产代表性项目名录。

第八章

跳香祭祀唱词

　　据芭蕉坪村老司张宗江所珍藏的《调香辞送酬恩赛愿总集》所载，跳香祭祀中每个环节都有不同的唱词。除起场团兵唱词是多字句式之外，其余唱词均为七字句式，和苗族山歌仡佬腔（坡头腔）一样，一、二、四句押尾韵，第三句不押韵。老司在吟唱祭祀词时，都是由唢呐伴奏。有的吟唱需要唢呐全程伴奏，有的吟唱由唢呐衬托。老司和唢呐手在法事中配合默契。

第一节　开坛唱词

一、起场安位唱词

弟子左脚踏青龙，右脚踏白虎；
前踏朱雀，后踏玄武。
弟子脚踩八卦九州罡，千军万马到坛场；
脚踩八卦九州溪，千军万马到坛厅。
弟子鸣角一声吹，惊动天和地；
鸣角二声吹，惊动满堂神，
鸣角三声吹，千军万马到来临。
……

进入立营安位环节。接唱：

香坛迎请众神灵，腾云驾雾降来临；
香坛打动迎神鼓，安营扎寨即须行。
东方安立木城寨，立起震卦一座营；
青旗插在东营上，东胜圣州定乾坤。
西方安立金城寨，立起兑卦一座营；
白旗插在西营上，西牛贺州定乾坤。
南方安立火城寨，立起离卦一座营；
赤旗插在南营上，南瞻部州定乾坤。
北方安立水城寨，立起坎卦一座营；

黑旗插在北营上，北俱芦州定乾坤。
中央安立土城寨，立起神卦一座营；
黄旗插在中营上，中华神州定乾坤。

二、差兵点将唱词

安营扎了五方营，燃纸烧香敬神灵；
内外神祇点齐了，又来点验五营兵。
一点东方木城兵，放出九万九千兵；
二点南方火城兵，放出八万八千兵；
三点西方金城兵，放出七万七千兵；
四点北方水城兵，放出六万六千兵；
五点中央土城兵，放出五万五千兵；
所有兵马听吾令，听吾号令一时辰。
兵马全部站立好，发兵遣将保生灵；
五营兵马点齐了，催兵打马往前行。
只许向前不许退，皇王在上显威灵；
打动三锤差兵鼓，摇铃吹角即须行。
鸣角一声当三声，差兵点将立即行；
五方五位众兵马，随着师郎香坛登。
号角打开东城门，放出九万九千兵；
号角打开南城门，放出八万八千兵；
号角打开西城门，放出七万七千兵；
号角打开北城门，放出六万六千兵；
号角打开中央门，放出五万五千兵；
且在街前勒住马，听我与你说分明。
司郎鸣角催兵行，号角打开金甲门；
打开库门兵器取，四下分送众将兵。
运出军刀千万把，运出枪支千万根；

五色旗帜千万面，分发给予众兵丁。

三、造水、净坛唱词

满堂众神您且听，听我弟子说分明；
今日堂前来祷告，祷告何事要讲清：
不为科场去中举，不为入朝求功名；
不为云中去跑马，不为雾中去行兵；
不为上山去打虎，不为下海蛟龙擒；
只为村中九件事，单为寨中十件情。
酬谢今年年成好，五谷丰登好收成；
耕春六畜皆兴旺，通寨满村得安宁。
五瘟时气全不染，灾厄丢在九霄云；
护佑村寨人丁旺，男女老少享太平。
再有一方来祈求，细听弟子说分明：
明年风调又雨顺，国家太平民安宁；
六畜兴旺财源广，五谷丰收好年成；
众人个个太平享，家也发来业也兴。
……

四、解秽唱词

鸣角一声当三声，声声拜请请何神？
拜请上坛祖师主，中坛八万本师尊。
鸣角一声当三声，声声拜请请何神？
请神降临把秽解，司郎叩拜请众神。
东方有秽何人解？九千九万众将军；
南方有秽何人解？八千八万众将军；
西方有秽何人解？七千七万众将军；

北方有秽何人解？六千六万众将军；
中央有秽何人解？五千五万众将军；
今请门下无别事，与吾解秽即须行。
鸣角一声当三声，声声拜请请何神？
香坛香火烟缭绕，股股青烟上天庭。
拜请东南西北中，五方五位神降临；
降吾坛场把秽解，护佑村寨众乡亲。
……

第二节　申法唱词

一、上疏文唱词

鸣角一声当三声，声声拜请请神灵；
拜请门下无别事，与吾奏文即须行。
拜请奏文仙师主，迎请奏文仙师尊；
闻声角号来相请，步兵累累下坛厅。
下吾坛场无别事，与吾奏文上天庭；
皮打灵草白色纸，留与世上古今传。
草纸将来阳间用，细纸将来写疏文；
手执一根羊毛笔，从头到尾写分明。
一二从尾写到头，何人名字写头行？
户主名字写头行，弟子名字在中央。
要问打坐真名亮，良言点对报师郎；
手执铜印上天堂，上来从头印到尾。

下来从尾印到头，何人名字写头行？
户主名字写头行，弟子名字在中央。
……

二、敬酒唱词

神坛且住三棒鼓，使者调香上九霄；
弟子才到择选府，恭迎三清众真高。
休退华山印成远，莫道玄空路远遥；
傩要花酒少叹变，秦汉珍珠莫辞劳。
海内真龙不用箭，月中丹桂不许刀；
户主无微香成敬，清茶美酒劝功曹。
新谷登场烧美酒，户主备得琼浆肴；
一杯酒，敬上天，天赐富贵送尔曹；
二杯酒，敬土地，地予财宝把金淘，
三杯酒，敬众神，村寨平安顺滔滔。
……

三、敕符造船

鸣角一声当三声，声声拜请请何神？
迎请敕符仙师主，拜请敕符仙师尊。
闻声角号来相请，步兵累累下坛场；
下吾坛场无别事，敕符造船即须行。
鸣角一声当三声，声声拜请请何神？
拜请鲁班仙师主，迎请张良仙师尊。
五岳山头去砍木，四方门下去请人；
杉树砍得千百条，桃树砍得万百根。
桃树将来做符板，杉树用来做船身；

众人来把大船造，造起大船过洞庭。

别人造船不成船，弟子一造船就成；

别人敕符无用处，弟子敕符制邪神。

完毕，拿鸡冠血敕符造船，先敕纸符，再敕桃符船。接唱：

神符炉中香烟喷，喷进奏上玉皇门；

奏得玉皇行敕令，四边官将显威灵。

奉请五方敕符帅，敕符童子和将军；

天上敕符天也动，地下敕符地也惊。

神起神符到东方，东方百鬼走忙忙；

神起神符到南方，南方百鬼无处藏；

神起神符到西方，西方弥陀来现身；

神起神符到北方，北方四镇大将军。

……

四、敕船唱词

别人造船来过渡，弟子造船搭将兵；

大船渡君人和马，小船用来收邪瘟。

大船拢在双江口，小船拢在后园庭；

收服瘟神他方去，再莫讨扰主东君。

瘟神收服不入寨，村寨人们得安宁；

若有强良不服者，神符钉他现原形。

吹牛角，打得神筶后，差兵点将。接唱：

鸣角一声当三声，声声拜请请何神？

迎请点将仙师主，拜请差兵仙师尊。

闻声角号来相请，与吾差兵点将行；

教场点起人和马，点齐三界马和人。

老者不过三十岁，少者年登十八春；

刀兵带得刀一把，枪兵盘龙枪一根。

弩兵弯弓秋月样，多带琅琊箭百根；

马兵紧上马肚带，步兵缠紧草鞋跟。

扫扎罗裙紧扎裤，今朝不比往日行；

十方门下去行令，户主门前行一行。

莫怕遥程与路远，莫怕山高并水深；

莫怕劳累和辛苦，莫负香民一片心。

……

五、点兵发兵唱词

外堂收拾铜铁棒，铜锤铁棒紧随身；

转身又点兵和马，六公师主听分明。

别人有难投弟子，弟子行教靠师尊；

内外神祇点齐了，又来点了五营兵。

一点东方木城兵，放出九万九千兵；

二点南方火城兵，放出八万八千兵；

三点西方金城兵，放出七万七千兵；

四点北方水城兵，放出六万六千兵；

五点中央土城兵，放出五万五千兵；

五营兵马点齐了，催兵打马往前行。

只许向前不许退，皇王在上显威灵；

打动三通差兵鼓，三声角号即须行。

发兵，打得神筶后吹角，众人持香跟随，去各家各户除邪收瘟。

六、各家各户推送扫瘟

鸣角一声当三声，声声拜请请何神？
迎请收瘟仙师主，迎请收瘟仙师尊。
千兵随我角号转，万马随号往前行；
收得千兵共万将，良言点对师郎听。
村寨轮流转一遍，各家各户收瘟神；
收得五瘟和邪气，随水流走不入门。

在富裕人家扫瘟除邪时，唱：

灭除三障诸烦恼，愿得智慧心明了；
普愿灾障悉消除，世世常行无上道。
四恩三宥均利益，十洲三岛任逍遥；
回向府内众龙神，礼谢道经师三宝。
向来诵经福无边，风调雨顺乐陶陶；
常向世间施功德，消灾增福平安保。

在家境一般家庭扫瘟除邪时，唱：

上方下方道清净，天下界下莲花临；
被除汝家三途苦，施汝九玄流七珍。
由此瘟气西方去，甘露饮食进门庭；
所种五谷如沙多，饥渴之日永消停。
常持一块灵宝符，家庭定有紫微生；
家中从此无灾厄，百事顺遂事业成。

在有灾厄家庭扫瘟疫除邪时，唱：

天瘟地瘟神赶去，天财地保进门庭；
麻衣孝服神赶去，百年长寿送子孙。
邪魔歪道走方去，三十三天无仇门；
无尽赫合斩世魔，心天奋发霹雳纷。
手执成法把经念，凶神恶煞赶出门；
一切灾殃化为尘，家发人兴福来临。

在各家各户猪牛栏扫瘟除邪时，唱：

三根茅草一间房，中梁一根立得牢；
丁字虎，八字龙，青龙白虎来护槽。
一扫槽，扫帚到，二扫槽，瘟气逃；
三扫槽，扫九代，邪气煞气齐扫掉。
六畜灵官下咸灵，瘟气邪气再不扰。
六畜兴旺运势长，每年至少出两槽。

扫完瘟后，在圈门贴上："姜太公在此斩妖除邪杀鬼万千，急急如律令。"

七、游船扫瘟唱词

山山岳岳把船摇，江河湖海走一程；
三山五岳都走遍，五湖四海摇船行。
东岳泰山走一遭，西岳华山走一轮；
南岳衡山到山顶，北岳恒山驾雾云；
中岳嵩山霞云起，五岳邪气扫干净；
还有江河全游遍，齐把福禄向我倾。
要把邪气永送走，要把五瘟斩断根；
要把灾厄永送走，要保村头寨尾清。

八、团兵回场唱词

放送游船扫了瘟，村寨从此得清平；
司郎回到香坛去，法事当毕要收兵。
坛前立起停兵殿，立起酒肆与茶亭；
要茶就往茶坊内，要酒就往酒店行。
左边立起男兵殿，右边立起女兵营；
男兵不和女兵斗，八字骑刀两边分。
要等弟子功圆满，再随弟子转法门；
要是有谁不尊令，飞刀颈挂五朝门。

九、谢神灵唱词（唱古情）

谢神灵是申法仪程最后环节，这个环节因传教祖师不同产生两种唱腔，押尾呼应也不同。吉首市太平镇芭蕉村的老司唱的是"十二月头唱古情"，每首唱词结束时众呼"喜傩欢"，后因押尾词取名为"喜傩欢"。而泸溪县芭蕉坪村的老司唱的是"谢神灵"，用的唱腔是唱土地腔调，每两首唱词为一节，香众押尾呼应为"谢神灵"或"喜傩怀"。这里均予以记述。

（一）十二月头唱古情（喜傩欢）

领唱：说古情来道古情，唱个月头答古人；
　　　香众与我来助威，演唱一遍听分明。
众呼：喜—傩—欢！

领唱：正月新春唱古人，唱个四姐看花灯；
　　　头带金簪十二对，八幅罗裙遮后跟。
众呼：喜—傩—欢！

领唱：二月唱个古人名，二郎挑沙塞海门；

塞了中央黄湖海，封住桃源三洞神。

众呼：喜—傩—欢！

领唱：三月好唱古人名，三气周郎是孔明；
　　　盘绕摆下连环阵，吓退曹公百万兵。

众呼：喜—傩—欢！

领唱：四月唱个古人名，唱个七姐下凡尘；
　　　槐荫老人媒来做，七姐董永配成婚。

众呼：喜—傩—欢！

领唱：五月唱个古人名，且唱五马破曹营；
　　　五马破曹威风大，八仙过海显威灵。

众呼：喜—傩—欢！

领唱：六月好唱古人名，唱个六郎杨总兵；
　　　六郎把住三关口，镇守扬州一座城。

众呼：喜—傩—欢！

领唱：七月好唱古人名，孔明祭坛借风云；
　　　东南角上风云起，草船借箭计谋生。

众呼：喜—傩—欢！

领唱：八月好唱古人名，太公八十下昆仑；
　　　百般兴周八百载，子孙传位坐龙庭。

众呼：喜—傩—欢！

领唱：九月好唱古人名，公义历代都传名；
　　　百忍堂中有太和，九世同居家不分。

众呼：喜—傩—欢！

领唱：十月唱个古人名，十大困难仁贵承；
　　　瞒天过海征东去，保住唐王定太平。
众呼：喜—傩—欢！

领唱：冬月好唱古人名，十一猛将是罗成；
　　　战败蜀国铜人马，兵马得胜转回营。
众呼：喜—傩—欢！

领唱：腊月好唱古人名，十二寡妇去西征；
　　　杀败西凉人和马，丢掉三魄和七魂。
众呼：喜—傩—欢！

（二）唱神灵

领唱：正月里来是新春，初九酬谢玉皇神；
　　　统领三界和六道，皇天后土护佑人。
　　　二月里来要备耕，初二酬谢土地神；
　　　莫看土地职品小，赐予土地养万民。
众呼：谢—神—灵！（或喜—傩—怀！下同）

领唱：三月初三蟠宴兴，瑶池金母传母仪；
　　　遍洒甘露赐福贵，慈光普照护生灵。
　　　四月神农仙台登，踏遍万山治百病；
　　　制下五谷造福祉，引导人类进文明。
众呼：谢—神—灵！

领唱：五月酬谢天师神，刻苦修炼成道真；
　　　呼风唤雨仙法施，冷面横扫除灾生。

六月荷花满池坪，十九酬谢观世音；
杨柳枝叶千秋应，遍洒甘露育万民。

众呼：谢—神—灵！

领唱：七月初一敬老君，主宰万教之宗根；
八卦炉内金丹炼，炼成丹药除病根。
八月桂花开旺盛，十五酬谢玄女神；
羲娲结合造人类，开拓乾坤有功名。

众呼：谢—神—灵！

领唱：九月菊花满山倾，初九酬谢九皇神；
北斗七星排天上，众生祈祷福禄行。
十月把酒敬神灵，十八酬谢地母神；
万物之母人敬重，五谷丰登民开心。

众呼：谢—神—灵！

领唱：冬月酬谢太乙神，天尊救苦慈悲心；
民众遇到危难事，心中默念消灾根。
腊月梅花傲雪行，初八酬谢如来神；
功德无量长送福，慈悲为怀度众生。

众呼：谢—神—灵！

第三节 种五谷唱词

调场，开五谷坛，起手诀，打开库锁，用开山诀在埋谷处烧纸，打阳筶。

一、开场唱词

主祭老司唱：

打开天库阴阳锁，取出谷种回坛前；
说此谷来道此种，说此种来有根源。
神农炎帝制五谷，一古流传到今天；
留下五谷凡间种，种得五谷传世间。
万民纷纷谢恩赐，酬谢后土与皇天；
春季打开种粮库，秋后丰收酬香愿。
……

二、搬土地唱词

主祭老司唱：

中华大地山河广，到处山川有神灵；
五岳山川皆田地，耕种五谷养万民。
土地虽然职品小，凡人都敬土地神；
耕种田地先祷告，五谷才能得丰登。
香烟飘入土地祠，惊动安睡土地神；
土地爷儿伸懒腰，出门察看个究竟。
主东坛上来相请，土地爷儿走一程；
按下云头歇下马，来到坛场受香灯。
香坛锣鼓震天响，土地双脚踏进门；
原来人们酬香愿，举行跳香谢神灵。
土地爷儿进香坛，只见香众好虔诚；
进入香坛安座位，香众鞠躬诚迎请。
左手接住主东香，右手接住众礼牲；

今日土地来到此，与众共同做农耕。

……

以下为"搬土地"环节，由另一位老司装扮成土地爷，一位香女装扮成土地婆，戴面具，出场时由土地爷唱，土地婆随后表演各种动作。唱：

辞别梁山出了门，土地公婆两人行；
相邀二人赶路走，匆匆来到你家门。
将身来到财门外，两个将军把财门；
两个将军财门把，莫挡梁山土地神。
把门将军开财门，等我二人好进门；
公公进屋带财宝，婆婆进屋带儿孙。
叫声主家你是听，拿你宝香接三根；
拿你宝香燃三炷，土地与你参拜神。
一拜天地和君亲，二拜满堂众神灵；
三拜天地诸空神，我给主家送阳春。

进场后唱：

铜锣敲得响绵绵，土地来到贵村前；
看你门庭多紫气，吉星高照福不浅。
祈你富贵年年有，年年月月财喜见；
五谷丰登六畜旺，人兴财发福寿绵。
十月丰收喜连连，举办跳香祭神仙；
香众聚集来祭祀，酬谢神灵消祸灾。
香众聚集在香坛，土地欢喜赶到边；
开场我把傩戏唱，我唱众合就开篇。

……

拿鬼刀表演做阳春。唱：

> 五通殿上小郎君，一把柴刀不离身；
> 东山砍到西山转，南山砍到北山城。
> 中山草木也要砍，五方五位砍干净；
> 五方五位都砍了，收兵立马转回村。
> 五通殿上小郎君，烟袋火镰不离身；
> 不顺风时莫放火，当烟相谢富东君。
> 东山烧到西山转，南山烧到北山城；
> 五方五位都烧了，收兵立马转回程。
> 耕田种地小郎君，犁耙随肩不离身；
> 出去耕田天未晓，归家日落月黄昏。
> 任从千丘与百亩，越耕越犁越殷勤；
> 我把田地犁好了，栽秧种地随我行。
> 田中收割三百担，地里摘得五百零；
> 不是郎君来辛劳，谁人做得这阳春？
> ……

土地爷表演完做阳春后，领唱"十二月农事歌"，众人边舞边呼应，一位女歌手（土地婆）与其对唱。

> 男：腊月去了正月来，春节热闹民开怀；
> 　　但等元宵过了后，生产备耕要安排。
> 女：正月去了二月来，桃花谢了李花开；
> 　　细雨绵绵春来到，农事农活早安排。
> 男：二月去了三月来，阳雀报春声声哀；
> 　　犁耙下田备好种，整好秧田把粪抬。
> 女：三月去了四月来，栽秧下种全铺开；
> 　　春播春收莫怕苦，秋后才有丰收来。

男：四月去了五月来，农闲时节巧安排；
　　男人看田蓄好水，女人绣楼忙铺排。

女：五月去了六月来，锄地薅田记心怀；
　　打点草标把神祭，免得稻田受虫灾。

男：六月去了七月来，省亲走眷早安排；
　　早谷收割碾成米，既看丈人又看乖。

女：七月去了八月来，八月秋收把镰开；
　　新米新菜转阳快，担担谷子有力抬。

男：八月去了九月来，九月重阳赶歌台；
　　五谷丰登精神好，闲来无事把歌开。

女：九月去了十月来，桐茶采摘又忙来；
　　秋耕冬种又来到，快把板田犁起来。

男：十月去了冬月来，御冬防寒多打柴；
　　上山挖窑烧点炭，免得三冬把冷挨。

合：冬月去了腊月来，牛栏防冻早安排；
　　备办各种过年货，鞭炮热烈燃起来。

　　"十二月农事歌"唱完后进入播种环节，土地爷撒五谷杂粮，众人跪下，用衣接住。土地爷唱：

五通殿上小郎君，一包谷种不离身；
东边撒到西边转，南边撒到北边城。
中间土地莫忘记，种子四处撒均匀；
五方五位都撒到，棉麻豆子一齐行。
……

　　土地爷表演犁田。唱：

五通殿上小郎君，一套犁耙不离身；

东溶犁到西溶转，南溶犁到北溶城。
中间溶田犁一道，五方水田犁均匀；
五方水田都犁遍，收拾犁耙转回程。
……

土地爷表演锄地薅草。唱：

五通殿上小郎君，一把锄头不离身；
东山薅到西山转，南山薅到北山城。
中山土地要薅遍，杂草斩尽又除根；
五方五位都薅了，收兵立马转回城。
……

土地爷表演收五谷。唱：

五通殿上小郎君，一个背篓不离身；
邀约香众收五谷，五谷丰登笑盈盈。
大谷小谷一同收，棉花豆子一同行；
高粱苞谷一齐收，迟荞晚豆收进门。
东山收到南山转，西山收到北山岭；
中山五谷好茂盛，留着种子种明春。
五方五位都收到，收兵立马转回营；
照起天仓与地库，天仓地库亮沉沉。
谷米棉麻和豆子，高粱荞麦送主君；
前仓五谷仓仓满，后仓五谷层起层。
左脚踩开招财路，右脚踩开进宝门；
禾仓五谷仓仓满，前仓得满后仓平。
……

五谷收割表演完毕后，土地爷调侃事主（香头），唱：

正月里来正月中，我给主家来上工；
只有老板多贤惠，两碗腊肉和胡葱。

二月里来二月中，铲田农活送公公；
上垄铲到下垄转，铲得田坎红彤彤。

三月里来三月中，山中阳雀叫哄哄；
一来催动阳春早，二来催动下谷种。

四月里来四月中，家家户户秧兴工；
行行相对大路上，苑苑相对早发蓬。

五月里来五月中，龙船花鼓响咚咚；
人人邀我看龙去，老板跟我谈田工。

六月里来六月中，东边太阳似火红；
老板田边撑洋伞，土地田里戴斗篷。

七月里来七月中，我给老板打禾工；
月工前头担箩筐，长工后头扛斥桶。

八月里来八月中，我给老板堆草丛；
月工只担三十把，长工要担五十拢。

九月里来九月中，秋犁板田又开工；
上垄犁到下垄转，犁得平展满冲垄。

十月里来十月中，秋种忙坏土地公；
好酒拿来待贵客，丑酒待我老长工。

冬月腊月满年终，邀起老板账算通；
老板算盘拨一拨，一天没得三块铜。

土地公公不中用，大块田地挖一冬；
土地婆婆不中用，四两棉花纺一冬。

土地公公不中用，得大根树砍一冬；
土地婆婆不中用，挑起清水去浇葱。

言语说给贤主东，能否再给加点铜；

家大业大莫小气，权当积德修阴功。

你把元宝添一盏，将来子孙进朝中；

你把元宝再加点，家发人兴财路通。

发家好比春水红，发人好比笋蓬蓬；

今日土地唱过后，家家户户太平中。

……

三、收场唱词

演唱完土地歌后，主祭老司收场。主祭老司唱：

哪有筵席久留客？哪有傩坛久留神？

筵席留客要酒饮，傩坛留神要香灯。

烧回纸来化回钱，土地路上作盘缠；

你把钱财送给我，得你钱财转回程。

第四节　发童子唱词

老司手拿司刀绺旗，踏罡步，吹牛角调场。唱：

鸣角一声当三声，声声拜请请何神？

迎请神仙各师主，拜请入灵仙师尊。

闻声角号来召请，与吾入坛即须行；

早下坛场行法事，助我坛场得安宁。

吹牛角调场。唱：

师郎头上顶天罡，行罡一步到东方；
莫酒烧香来拜请，助我还愿行跳香。
召请东方青帝将，青衣童子下坛场；
下吾坛场无别事，吉凶祸福报端详。
……

吹角调场。唱：

师郎头上顶天罡，行罡一步到南方；
莫酒烧香来拜请，助我还愿行跳香。
召请南方赤帝将，赤衣童子下坛场；
下吾坛场无别事，吉凶祸福报端详。
……

吹角调场。唱：

师郎头上顶天罡，行罡一步到西方；
莫酒烧香来拜请，助我还愿行跳香。
召请西方白帝将，白衣童子下坛场；
下吾坛场无别事，吉凶祸福报端详。
……

吹角调场。唱：

师郎头上顶天罡，行罡一步到北方；
莫酒烧香来拜请，助我还愿行跳香。
召请北方黑帝将，黑衣童子下坛场；
下吾坛场无别事，吉凶祸福报端详。
……

吹角调场。唱：

> 师郎头上顶天罡，行罡一步到中央；
> 召请中央黄帝将，黄衣童子下坛场。
> 下吾坛场无别事，吉凶祸福报端详；
> 五方童子全召到，借口传言定阴阳。
> 男童要入男队去，莫入女队装娇娘；
> 下吾场场听吾令，如实报来莫虚诓。

第五节　大旋场唱词

一、收水唱词

老司吹牛角，调场。唱：

> 夕阳西迁近黄昏，一场不了一场行；
> 信士跪在金阶前，跪谢我皇庇佑恩。
> 今日跪谢今年福，又求明年赐洪恩；
> 凡有人难救弟子，弟子行教靠师尊。
> 弟子不是别一个，是您装香换水人；
> 您是三界至尊主，三界都是您子民。
> 众人筹钱又凑米，只为今日谢皇恩；
> 莫是今日求不应，他日何人拜神灵？
> 求得我皇降福泽，男女老少享太平；

赐下三副赐福筶，纷纷叩谢我皇恩。

……

二、谢主唱词

老司吹牛角，调场。唱：

香坛锣鼓闹沉沉，跳香法事已完成；
一堂祭祀完毕了，司郎在此谢东君。
春天许愿织标根，秋后召集众报恩；
事主肩挑千斤担，费心劳力煞苦心。
坛前擂动锣鼓声，司郎在此谢主情；
祝你门庭多紫气，吉星高照福星临。
祈你富贵常来临，年年月月财进门；
五谷丰登六畜旺，人兴财发添福锦。
恭喜主东财广进，贺喜主东万年春；
司郎上前来恭贺，参拜主东福盈门。
一路行程赶得紧，不觉到了主东门；
主东门前打一望，高楼大厦亮锃锃。
架子瓦屋花窗门，里里外外闹腾腾；
司郎外面观不尽，要与主东开财门。
主东笑脸开财门，满堂瑞气喜盈盈；
喜鹊门前喳喳叫，金鸡开口声连声。
屋后青山好美景，栋梁木材满山林；
堂前田垄平坦坦，使牛打耙把田耕。
一年之计在于春，勤快挣来粮万斤；
主东本是男子汉，勤俭持家有名声。
司郎特来送喜讯，今年是个好年成；
五谷丰登粮满仓，六畜兴旺家昌盛。

儿子学业大长进，好比鲤鱼跳龙门；
考上学堂京城进，升官发财壮门庭。
为了村寨得清平，许下跳香一堂神；
满寨香众齐聚拢，祈报赛愿酬神灵。
杀猪宰羊备礼牲，满寨忙得不歇停；
还有香头也辛苦，甘愿充任召集人。

跳香祈福自古兴，求恩赐福靠众人；
司郎这里打个躬，贺喜满寨福临门。
寨前栽种摇钱树，村后落下聚宝盆；
摇钱树，聚宝盆，日进金来夜进银。
难为香众多美意，司郎就此领情深；
有待来年发大财，再来唱响福满门。
……

三、送神唱词

打筶子，得筶后，吹角、调场庆贺，然后在锣鼓声中，老司旋场，众人持香随着音乐起舞，吆喝，然后化财送神。唱：

调香法事已完毕，司郎这番来送神；
送神当从扫瘟起，除邪扫瘟当先行。
天瘟送到天上去，地瘟送到地幽门；
麻瘟送到麻山去，痘瘟送到痘山林；
牛瘟送到牛客去，猪瘟送到赶猪人；
六瘟邪气送出去，保我村头寨尾清。

扫瘟法事完毕后，当下弟子要送神；
来时敬有下马酒，去时上马酒来行。

众神捧场劳辛苦，燃纸烧香当盘缠；
送你盘缠即当走，弟子有话要交清：
去时莫带牛马去，留下牛马好耕春；
去时莫带鸡犬去，鸡犬鹅鸭满池坪；
去时莫带金银去，置田置地留儿孙；
去时莫带五谷去，前仓得满后仓平；
去时莫带人口去，寨中老少满门庭；
去时莫带弟子去，是你门下烧香人。
谢一句来留一句，富贵荣华村寨兴；
谢一言来留一语，师也发来主也兴。
有船你就乘船走，有马你就上马行；
要是无船又无马，赤脚草鞋驾腾云。
有坛你就归坛去，有殿你就殿里行；
要是无坛又无殿，云游四海做游神。
……

第 九 章

跳香音乐舞蹈

跳香伴奏音乐由乐器声、法器声及其他物器声构成，其中以乐器声为主要伴奏，多用鼓、锣、钹、胎锣、长号、唢呐、牛角等乐器，整体节奏以2/4与4/4两种节拍为主。音乐连续反复，舞步跟随音乐变化多端，特色鲜明。最初的跳香祭祀法事中的舞蹈伴奏乐器仅有唢呐和锣鼓，后来发展到瓮琴、洞箫伴奏，长号开篇和压底，音乐形象比较单一，这是因为湘西地区苗族只注重音乐旋律描述，没有专门和舞蹈相结合的音乐思维。老司们在跳跳香舞蹈时，除了有一定的音乐形象之外，宗教仪式占据香坛的主要内容。

跳香中的集体舞依附于跳香祭祀活动，是一种有多人参加的祭祀舞蹈表演活动，每一场法事中都是一人领舞或领唱，香众随之应合或伴唱，并跟随着领舞者一起跳舞。在整个跳香祭祀活动中，祭祀词和舞蹈均由老司一人担任领唱和领舞。根据仪程环节，香头在老司指挥下，按照法事情节随时组织人员加入合唱或舞蹈表演。打击乐队、吹奏乐队根据跳香仪程及环节需要和老司唱腔跟随伴奏，并且根据仪程和老司唱腔的变化及时变换音乐及打击乐曲牌。不同法事运用不同的节奏，在舞蹈和演唱过程中，老司根据祭祀法事需要随时调整演唱曲调和舞蹈动作，调节香坛活动气氛，将祭祀唱腔、土地腔、唱神灵腔、山歌调等多种歌调歌腔和各种舞蹈进行分割调整，使这些腔调和舞蹈在法事各个仪程中分段表演，不至于乱套，从而构成一套完整的音乐舞蹈。

第一节　跳香音乐

一、音乐分类

跳香音乐分为唱腔和伴奏两类。法事中老司祭祀声腔带有强烈的宗教性，以老司演唱为主，其他老司或会唱祭祀唱腔的人可以随之帮腔应合。演唱和舞蹈配合，边唱边舞。唱腔分为快、中、慢三种，唱腔决定打击乐速度。当唱腔快时，快速鼓点敲边点缀，唱完最后一句后，用快板锣鼓压底。当唱腔腔调为中或慢时，用长声锣鼓或慢板锣鼓伴奏。如在开坛时，老司脚踩九州八卦罡步唱"团兵"调完毕后，锣鼓伴奏乐牌由慢板转为快板。在转身迎请神灵时，老司的唱词快速热烈，鼓手持单个鼓槌敲边伴奏，老司唱完最后一句歌词，打击乐乐牌是快板伴奏。跳香祭祀音乐的伴奏乐器主要有大鼓、大锣、钹、包锣、胎锣、牛角、长号、唢呐等，一般艺人都能演奏。伴奏是跳香活动祭祀音乐的重要组成部分，它遵循民间音乐及民间戏曲音乐的规律。跳香唱腔同苗族其他艺术形式的唱腔有共同性，但在长期的表演中形成了自己独特的演唱风格。老司作为跳香舞领舞者担当着领唱的作用，歌声必须高亢嘹亮。跳香祭祀活动气氛热烈时，老司运用大嗓把声音变得厚实，增加现场效果。同时，还有即兴演唱和表演，如在传五谷仪程唱土地环节的演唱过程中就有一定的即兴性，香众在旁边以调侃形式向土地爷发问或对唱山歌，这就需要装扮成土地爷的老司临场发挥，对答如流，形成一定趣味性，以调节活动气氛，使更多的人加入跳香舞中。在表演中，为了追求生活化的形式，艺术样式会因表演者的爱好不同而发生变化，使之更为融洽，更为群众喜爱，音乐更加鲜活，这和它的即兴性有关。

　　跳香祭祀法事的伴奏乐器主要有管吹奏乐器和打击乐器两类。管吹奏乐器主要是长号、唢呐、洞箫三种，在唱"十二月农事歌"时，还加上瓮琴等乐器。1984年，泸溪县文化馆音乐专家对跳香集体舞部分进行改良，加入二胡、笛子伴奏。2010年，又以电子琴加鼓点作为伴奏。

苗族跳香舞曲谱

```
1              2              3              4
‖: ii 65 5. 6 | ii 65 6  -  | ii 65 5. 6 | ii 65 6  -

5              6              7              8
| 56 676 55 6 | 56 676 55 6 | i2 232 ii 2 | i2 232 ii 2

9              10             11            12
| 2 21 25 5 - | 5 2 2 21 6 | 6i 3i 2. 3 | 52 32 ii i :‖
```

二、伴奏乐器

（一）吹管乐

　　（1）竹箫（洞箫）。竹箫是中国古代最为流行的箫管乐器之一，六个音孔，可吹奏较为舒缓的乐曲。箫的音色饱满清幽，尤其适合演奏空灵悠远的曲子，可合奏或独奏，曲调多样，悠扬婉转。在湘西民间，主要用于祭祀活动中的"细乐"和花灯、蚌壳灯之类的吹奏乐。

　　（2）唢呐。用木管和铜喇叭口制成，一尺多长（约40厘米），上细下粗，底部安套喇叭口。中为木管，正面钻有七个音孔，上部背面钻有一个音孔，木管顶部安装铜衔嘴，衔嘴处有一"哨子"。"哨子"用麦秆或稻草秆制成，插在衔嘴处，能吹奏出各种不同的曲牌，声音洪亮，用途广泛。一是用于喜庆活动中迎客送宾；二是在丧葬和跳香、还傩愿等大型祭祀活动中用于老司唱腔伴奏；三是用于舞台戏剧的音乐伴奏，如辰河高腔的尾音压底。泸溪唢呐分两个区域、两种不同的吹奏方式。梁家潭、洗溪、八什坪、潭溪等苗族地区的唢呐声调深沉悠扬，吹奏时与边鼓和锣镲敲"点子"（打击乐）相配，用胎锣起点，小钹接点，包锣垫底，边鼓贯穿音节，一个节拍一个板，有板有眼，十分动听。其他区域的唢呐没有用锣钹配音压点，只有唢呐手吹奏，声调尖而高亢。曲牌较多，在不同场合吹奏不同曲牌，如在迎娶新娘时吹奏［大开门］［小开门］［娘送女］［蜜蜂过界］等曲牌，在敬酒时吹奏［四杯酒］曲牌，在跳香、还傩愿、丧葬祭祀活动吹奏［大开门］［小开门］［贺圣朝］［哭帝王］等曲牌。

（3）长号。苗族人们称长号为喇叭，属于唇振气鸣乐器，由古代的角演变而来。《太平御览》："长鸣，角也。按，蚩尤师魍魉，与黄帝战于涿鹿。帝令吹角，为龙鸣，以御之。魏武帝征乌桓，军士思归，乃减角为中鸣，其声尤悲，以应胡笳。"《通雅》："长鸣，今时之号通也，口圆而长，如竹……从箭中抽出吹之，晋即有鸣葭葭。"明代王圻《三才图会》："古角以木为之，今以铜，即古角之变体也。其本细，其末钜，本常纳于腹中，用即出之。为军中之乐。"今日长号就是从这种铜角演变而来的。

长号通体用铜片和铜管制作而成，由上、中、下三段组成，长1.5米左右，顶端有锅底形号嘴，下端为喇叭口。中端管体可伸可缩，不使用时，上、中两端可缩进喇叭内，便于携带和保存；演奏时，上、中两端拉出，左手伸直托扶管身，右手持握上端，口贴号嘴吹气发音，声音低沉深厚，音量洪大，数里之外可闻其声。在巫傩法事和道场法事中，长号称为"大乐"。目前，泸溪县仅芭蕉坪村有长号吹奏队。

（二）打击乐器

（1）大鼓。大鼓又称"皮鼓"，由鼓身、鼓皮、鼓圈和鼓槌等部分组成。鼓身用杉木或椿木料和牛皮制造。鼓圈多用竹钉或圆形铁钉钉制，以固定和绷紧牛皮。鼓槌是短而粗的木槌，一端包以皮条、布料或绒毡，呈球状，也有用杉木做的鼓槌。大鼓属于双面膜鸣乐器，无固定音高，但敲鼓者可控制发音的强弱变化。用鼓槌敲击发音，随用力的变化来表现不同的音乐情绪。其音色低沉响亮，雄壮有力，用于模仿雷声和炮声等。鼓是乐队中最重要的打击乐器，除独奏外，在合奏中起到引领作用，衬托其他乐器的声音。大鼓的地位非常重要，它不仅使乐队的低音声部更加充实、丰满，而且为整个乐队带来磅礴气势，增添活力。

（2）锣。锣是一种金属类的打击乐器。锣由铜制而成，结构比较简单。锣身呈一个圆弧面，四周以锣身的边框固定，边沿钻有两个小孔，用于系绳。演奏者提起锣，用木槌敲击锣身正面中央部分，产生振动而发音。锣直径40厘米左右，发音宽广、深沉，音色柔和、浑厚，余音很长，常为民间器乐合奏及戏曲、舞蹈伴奏所采用。在跳香祭祀中配合大鼓使用。

（3）钹。钹古称铜钹、铜盘，民间称镲。打击乐器中碰奏体鸣乐器的一种。钹是铜质圆形的打击乐器，两个圆铜片，中心鼓起成半球形，正中有孔，可以穿绸条等用以持握，两片相击作声。古代把铜钹、铜铙或铜盘、镲等统称为铙钹。在巫傩法事祭祀中，有两人持副钹，配合锣鼓按照乐牌击打。

（4）包锣。包锣是铜制的，圆形，直径约25厘米，中心部凸起，边沿钻有两个小孔，系绳。演奏时用左手提锣绳，右手持木槌敲击凸起部分发声，音色明亮清脆，发出"哆"的单声，因此，又称为哆锣。在打击乐合奏中，主要用于垫底。

（5）胎锣。也称小锣。身为一圆弧面，铜制结构，四周以本身边框固定。演奏时，用左手提锣身，右手拿厚竹片击打锣正中。在祭祀打击乐中起着衬托和加强效果的作用。在打击乐队中除有时突出其音色特点外，主要敲击花点，起着丰富合奏的效果。因其发出声音多为"哒"，故又称为哒锣。

三、乐牌和曲牌

（一）打击乐乐牌

打击乐是跳香活动必不可少的，其乐牌分为快板锣鼓、慢板锣鼓和长声锣鼓三种。

1.快板锣鼓

锣鼓伴奏曲牌为跳香祭祀活动常用打击乐牌。在整个祭祀活动中，还有其他多种乐牌，但都以此为基础。在演奏中，根据情节变化，乐牌可长可短，随时加花。

锣鼓伴奏

$1 = \dfrac{2}{4}$

鼓	XX XXX	XX XX	XX XX	XX XXX	X XX	X -
大锣	O O	X X	X X	XX O	X O X	X -
钹	O O	XX XX	XX XX	XX XXXX	XX XXXX	X -
小锣	O O	XX XX	XX XX	XX O X	X XX	X -

2.慢板锣鼓

鼓:	XX X	XX X
胎锣:	X X X	XX X
钹:	XX X	XX X
大锣:	O X	O X

3.长声锣鼓

鼓:	X X X X	X X X X
胎锣:	O X X X	O X O X
钹:	XX OX OX X	XX OX OX X
大锣:	O O O X	O O O X

（二）唢呐曲牌

1.贺圣朝

在跳香祭祀活动中，开场锣鼓中必须配此曲牌，老司唱腔中的高腔、平腔，都用此曲牌押尾。

贺圣朝

1=♭B 4/4

0　0　5　$\underline{6\dot{1}}$ | 6 - 7 - | $\underline{67}\ \underline{65}\ 3$ - | 6 - 5 - | $\underline{35}\ \underline{5}\underline{32}\ 3$ - |

5　$\underline{5}\underline{32}\ 2$ - | 1 - $\underline{23}\ \underline{6\dot{5}}$ | $\dot{6}$ - $\dot{6}.\dot{1}$ | 2　3　1　$\underline{23}$ | 1 - $\underline{23}\ \underline{6\dot{5}}$ |

$\dot{6}$ - 6 - | 5 - 6 - | $\underline{56}\ \underline{53}\ 2$ - | 2　1　6　5 | $\underline{35}\ \underline{323}$ - |

$\underline{23}\ \underline{21}\ 1$ - | $\underline{23}\ \underline{6\dot{5}}\ \dot{6}$ - | $\dot{6}.\ \underline{1}\ 2\ 3$ | 1　$\underline{231}$ - | 2　$\underline{6\dot{5}}\ \dot{6}$ - ‖

2.大开门

此曲牌在香坛祭祀活动开始时吹奏，表示祭祀开始，为各路神灵打开大门，同时迎接神灵降临香坛。

大开门

$\overset{1}{5}$ - - $\underline{56}$ | $\overset{2}{3}\underline{22}$ - $\underline{23}$ | $\overset{3}{5}$ - - - | $\overset{4}{\dot{1}}$ - - $\underline{6\dot{5}}$ | $\overset{5}{3}$ - - $\underline{35}$ | $\overset{6}{\underline{32}}\ \underline{121}\ 1$ - |

$\overset{7}{\underline{6\dot{1}}}\ 5$ - - | $\overset{8}{\underline{23}}\ \underline{32}\ 1.\ \underline{3}$ | $\overset{9}{\underline{23}}\ \underline{21}\ 6\ \underline{2\dot{3}}$ | $\overset{10}{\dot{1}}.\ \underline{65}\ \underline{56}$ | $\overset{11}{2}\ \underline{235}$ - |

$\overset{12}{\dot{1}}.\ \underline{5}\ 6\ \underline{65}$ | $\overset{13}{\underline{32}}\ \underline{535}6$ - | $\overset{14}{1}.\ \underline{3}\ 2.\ \underline{23}$ | $\overset{15}{\underline{56}}5$ - - | $\overset{16}{\underline{32}}\ 3\ \ \underline{32}\ 1$ |

$\overset{17}{1}\ \underline{6\dot{1}}\ 5$ - | $\overset{18}{\underline{23}}\ \underline{32}\ 1$ - ‖

3. 小开门

从村寨香头家中香案起师后，跳香队伍抬起祭品等物品，列队在去香坛的路上吹奏此曲牌，表示祈福祭祀开始和人们的虔诚，为香案祭祀时降临的各路神灵开门，将其迎接到香坛。

小开门

1= 4/4

```
i.6 5 3  6 56 i 3 | 2 i 6 5 3  - | 3 6 5653 2 2 32 | 1 23 5 65 3  - |

6 5 5 i 6.i 6 5 | 3 23 5 6 1  - | 2 32 1.2 3 6.5 | 3 5 2.1 3. 2 |

3.2 3 5 6 5 i.6 | 5 3 6 5 i 6 i | 2 i 2 3 2 i  - | 3 5 2.3 5 3 6 |

7.6 5 7 6  - ‖
```

四、腔调

（一）老司腔调

1. 团兵入坛腔调（踏九州）

踏九州

1= 4/4
稍自由

```
3 5  6 5  5 65 3 2 | 3 - 5 35  2 1 1 | 1  6. 5 5  6 32 | 3 - 5 35  2 1 1 |
弟子 左脚 踏青   龙 右脚 踏白   虎(来),前踏 朱  雀 后踏 玄

2  1 1  3.5 55  5 5 65 | 3 2  3 - - | 5 5  5  3 5  5 |
武(来), 弟 子脚踩 八卦九州     罢,   千 军  万 马

2321 6 1  1  6. | 5 5 5 5  6 5 3 2 | 3 - 5 5  3 5 | 2321 6 1 1  - ‖
到坛    场(来),脚踩八卦 九 州  溪,千军 万马 到坛   厅。
```

2.请神腔调（平腔）

跳香平腔

1= 2/4

```
1 3  5 3 │ 3 2  5 3  3  │ 3    2116 │ 1   1 3 2 │ 3. 5  2116 │
弟 子    不是(您) 哪  一       个，  是您  装 香
```

```
1  23655 │ 6.   6 1 │ 3 5 33   3 5 │ 216  5 3 2 │ 1  6 5 │
换 水  人， 您不  保佑(哪个) 谁保 佑，  您不  挂 心
```

```
5 3 2  2 │ 2  3 2  1  3 │ 2116  1 │ 2  2  3 2 3 │ 56 5  - ‖
谁    挂       心。
```

3.请神腔调（高腔）

跳香高腔

1= 4/4

```
5  6  1 6   6 5 │ 3  3   2 1 6 │ 3 32 1 1 1  - │ 23 65 6. 5 │
鸣 角 一声 (那个) 当 三 声，  声声 拜请 何 方 神，
```

```
6.  1  5 3   3 3 │ 3 2 1  1  6 │ 5  5 3 2  - │ 21 16 1  - │
迎 请 点将 (那个) 仙师 主(呀)， 拜 请  差 兵 仙
```

```
23 65 6.  - ‖
师  尊。
```

（二）唱土地腔调

唱土地

1= 2/4

```
5 1  3 │ 3  - │ 5 3 2 │ 1 - │ 3 5  3 │ 21 16 │ 1 56 1 │ 6. 5 5 │
中华大 地   山河 广(来)， 到处 山 川  有 神 灵(来)，
```

```
5 1  3 │ 3  - │ 5 3 2 │ 1 - │ 3 5  3 │ 21 16 │ 1 56 1 │ 6. 5 5 ‖
五岳山 川   皆田 地(来)， 耕种 五 谷  养 万 民(来)。
```

（三）十二月农事歌腔调

十二月农事歌

$1 = \frac{2}{4}$

| 1 $\underset{\cdot}{65}$ | 1·2 | 3 − | 5 3 | $\underline{21}$ $\underset{\cdot}{65}$ | 1 − | $\underline{33}$ $\underline{23}$ | 2· 1 |

正月　去　了　　二月　来，　　　桃花（那个）　谢

| $\underset{\cdot}{6}$·$\underset{\cdot}{5}$ | 1 $\underline{21}$ | $\underset{\cdot}{6}$·$\underset{\cdot}{5}$ | 6 − | 1 $\underset{\cdot}{65}$ | 1·2 | 3 − | 5 3 |

了　李花　开，　　　细雨　绵　　绵　春来

| $\underline{21}$ $\underset{\cdot}{65}$ | 1 − | $\underline{33}$ $\underline{35}$ | 2· 1 | $\underset{\cdot}{6}$·$\underset{\cdot}{5}$ | 1 $\underline{21}$ | $\underset{\cdot}{6}$·$\underset{\cdot}{5}$ | 6 − ‖

到，　　　农事（那个）农　　活　早　安　排。

（四）唱神灵腔调

唱神灵

$1 = \frac{2}{4}$

| 5 $\underline{35}$ 6 | $\underline{53}$ 3 | $\underline{53}$ $\underline{32}$ | 1 − | $\underline{35}$ 3 | $\underline{21}$ $\underset{\cdot}{16}$ |

始祖　伏　羲　　功千载　（来），　始祖女　娲

| $\underline{15}$ $\underset{\cdot}{61}$ 1 | $\underset{\cdot}{6}$·$\underset{\cdot}{5}$ $\underset{\cdot}{5}$ | $\underset{\cdot}{5}$ 1 $\underline{32}$ | 3 − | $\underline{53}$ $\underline{32}$ | 1 − |

造人　寰　（来），　乾坤　在　身　九州　国　（来），

| $\underline{35}$ 3 | $\underline{21}$ $\underset{\cdot}{16}$ | $\underline{15}$ $\underset{\cdot}{61}$ 1 | $\underset{\cdot}{6}$·$\underset{\cdot}{5}$· | $\underline{66}$ $\underline{53}$ | $\overset{32}{1}$ − ‖

八方　开　拓　定基　台　（来），　喜呀　傩　怀！

五、唱腔与伴奏的配合

在祭祀唱词的唱腔中，唱词唱腔与伴奏器乐和打击乐紧密配合，结构紧凑，套路清晰。老司吟唱［踏九州］时，使用清唱方式，在最后一句落词后，打击乐队敲打快板锣鼓接底，唢呐吹奏［贺圣朝］，表示祭祀活动开始。老司吟唱平腔、高腔也是清唱，最后一句最后一个词声调高扬时，唢

呐立即接住压底，吹奏［贺圣朝］，打击乐队击打慢板锣鼓。"十二月农事歌"由老司和女歌手演唱，每人一首为一段，唢呐、洞箫、瓮琴伴奏全程，一段落拍，打击乐队击打慢板锣鼓。［唱神灵］则由老司领唱，最后一句落拍时，众人帮腔，打击乐队击打快板锣鼓。这些都有严格章法，伴奏乐队尤其是鼓手和唢呐手必须熟悉套路，随着老司指挥而进行。

<h1 style="text-align:center">第二节　苗族民歌</h1>

一、跳香唱腔融合了苗族民歌

在苗族跳香祭祀活动唱腔和音乐中，穿插许多苗族民歌歌调。老司的祭祀唱词大部分为一、二、四句押尾韵，第三句不押韵，其结构源于苗族民歌四句七字式章法。在种五谷仪程搬土地环节中，土地爷与香众的对歌，大部分都是运用苗族民歌歌调演唱，即使土地爷用土地腔或其他歌腔演唱，对歌的香众也都是用苗族民歌歌调来应答。可以说，跳香祭祀音乐融合了苗族民歌。

苗族民歌又称山歌，历史悠久。方志记载旧时苗族地区"鼓藏跳至戌时乃罢，然后择寨旁旷野等处，男女各以类相聚，彼此唱苗歌，或男唱女和，或女唱男和，往来互答"。[1]

1974年，中国科学院语文研究所凌纯声、芮逸夫《湘西苗族调查报告》"苗歌略说"云："歌谣在苗人的生活中，特别是在各种仪式中是占着很重要位置的。他们日常既随时随地即兴口占，表现当时的情绪或叙述当地的事件，而每遇举行某种仪式或集会时，更多男女对歌，日夜不休，且有接连至数日夜者他们即兴口占的歌谣……"

---

[1]　清乾隆《永绥厅志》"永苗风俗十条"。

泸溪苗族民歌属于湘西苗语东部次方言中部土语区苗族民歌范畴。腔调为高腔，俗称为仡佬苗腔，苗语称"好凯"。这种歌腔流传于泸溪县、古丈县、保靖县东南部、吉首市东部及北部等地区，范围较广，是该地域土家族、苗族、汉族进行交流的一种通用歌腔。一般用汉语演唱，也有用本民族语言演唱的，这种腔调与仡佬族情歌起腔极为相似。经吉首市申报，已列入国家级非物质文化遗产保护项目，国家级、省级、州级传承人均出自吉首市丹青镇。

二、民歌韵脚

民歌用苗语演唱的称为苗歌。民歌是讲究韵脚的，如果不懂韵脚乱唱会被人耻笑。泸溪民歌常见形式为七字四句式，有14个韵脚。

花字韵：声母与韵母 a 结合的字词。如：芭茅荒地锄难挖，山高坡陡脚难爬；心有痛苦脸难笑，后背身痒手难抓。

天字韵：声母与韵母 an 结合的字词。如：想妹想得疯又癫，城隍庙里去抽签；别人抽签为儿女，我来抽签问姻缘。

来字韵：声母与韵母 ai 结合的字词。如：白纸写信把字排，隔山隔水寄信来；信中不写别的事，只写哥妹莫分开。

高字韵：声母与韵母 ao 结合的字词。如：两岸青山一样高，又无路来又无桥；绕山绕水路途远，妹要情哥走哪条？

王字韵：声母与韵母 ang 结合的字词。如：黑漆桌子乌木箱，妹与情哥要久长；莫学高山荞麦地，做了一年又抛荒。

得字韵：声母与韵母 e、er、ie、ue 结合的字词。如：隔河望妹穿身白，背个背篓采茶叶；十里绿树白一点，恰似十五中秋月。

飞字韵：声母与韵母 ei、ui 结合的字词。如：浓土点麦不用灰，喜爱结情不要媒；不信且看蛾眉豆，自己牵藤把树围。

人字韵：声母与韵母 en、in、un、eng、ing 的字词。如：叶茂千枝集一根，鲜花并蒂连一茎；葵花结籽一盘聚，我和阿妹共一心。

多字韵：声母与韵母 uo 结合的字词。如：菜油点灯费油多，不怨灯来只怨哥；要是情哥早来到，哪会费油这么多。

头字韵：声母与韵母 ou、iu 结合的字词。如：赶场相逢把妹逗，时常挂念在心头；夜晚做梦常见你，犹如登上天堂游。

红字韵：声母与韵母 ong 结合的字词。如：高坡起屋不怕风，松柏耐寒不怕冬；只要我俩情义好，冷水泡茶慢慢浓。

齐字韵：声母与韵母 i 结合的字词。如：稀奇古怪也稀奇，哥的脚杆不得力；下坡硬像狗舂碓，上坡犹如马歇蹄。

福字韵：声母与韵母 u 结合的字词。如：为人做事莫刮毒，总要给人留点福；如把事情做绝了，来世变成一头猪。

词字韵：该韵脚很窄，只有声母 z、c、s 或 zh、ch、sh 与韵母 i 结合的字词。如：天开黄道遇吉日，御驾迎鸾入我室；吹吹打打多热闹，少得接驾我亲知。

三、民歌分类

民歌是古老的艺术样式，也是优秀的民族民间文化。通常二人对唱，也有一人独吟的，根据不同分类方式，泸溪民歌可作以下分类：

从语言来划分，可以分为两大类：用汉语演唱的称为"山歌"，可用汉文字记录；用苗语演唱的称为"打科连"，只能翻译成汉语。由于苗族有语言无文字，不便记载，只有口耳相传。

从演唱形式可分为热歌、冷歌两种：热歌为即席演唱，脱口而出，出口成章，一首歌一气呵成。"打科连"便是典型的热歌形式。冷歌则是用固定文字歌词演唱，范围较窄，不多用。

从内容方面可分为时政歌、农事歌、叙事歌（寓言歌）、情歌、喜庆歌、场中歌等。时政歌中又有劝和歌、劝善歌；叙事歌主要表现为用歌讲述故事；喜庆歌分为婚嫁歌、竖造歌，其中哭嫁歌是苗族婚嫁礼仪中的独特形式；场中歌多为乐趣内容，以相互取乐为主。

从演唱方式及地点分布可分为三种：坐堂歌、场中歌、坡上歌。坐堂歌出现在婚嫁丧葬之中。场中歌出现于民族节日、圩场上。苗族人喜赶场会友，歌手们相逢免不了要对歌。场中歌范围广泛，又不受约束，相互取乐内容比比皆是。坡上歌则是未婚青年男女表达心意、谈情说爱的方式之一，出现在圩场或山坡上。

第三节　跳香舞蹈

一、概述

在跳香祭祀活动中，核心内容是老司吟唱祭祀词和舞蹈两大部分，其中，舞蹈贯穿于各个祭祀仪程之中。因此，跳香舞产生于跳香祭祀活动并依附于跳香祭祀活动而存在，带有一定的民族风俗特征。

跳香舞产生时间可以追溯到苗族农耕文化出现时期，在最初产生时跟宗教祭祀有很大的关系，它是在祭五谷神中发展起来的，是湘西苗族人原始宗教艺术的综合体。由于其产生、发展与苗族巫傩文化有密切联系，因此，它属于宗教仪式类的民俗活动。

由于苗族村寨所处的地域和历史等原因，人们的宗教信仰是多元化的神灵鬼怪。在历史发展过程中，这些神灵鬼怪以不同的表现方式与苗族人产生过不同的关系，苗巫也成了自然宗教的不可缺少的一部分。跳香中的集体舞是在借鉴与吸收原始宗教、民俗、音乐、舞蹈等许多文化元素而形成与发展起来的。在湘西苗族群体中，人们的信仰最先反映在所谓能沟通人、神、鬼的老司身上，老司是跳香祭祀活动的主持者和表演者，也是跳香舞蹈的领导者，这种舞蹈及民俗活动的产生和老司是分不开的。同时，跳香舞蹈也是苗族巫傩文化的一种表现形式，是祭祀与崇拜五谷神的一种民俗活动。在跳香舞蹈表演过程中，音乐、武术、舞蹈等形式是其表演构成的重要组成部分。跳香舞蹈一成为一种成熟的艺术形式，就以自己的发展规律去实现它的艺术价值。从苗族文化的发展历史看，巫傩文化的传播，促进了苗族跳香这一民俗现象的产生，在一定的历史时期，跳香舞蹈起到了传播民族民俗文化艺术的重要作用。因此，跳香舞蹈是经苗族巫傩等宗教祭祀活动发展而来的民间艺术，它与湘西地区苗族原始宗教艺术和其他民间艺术相融合，形成了一种多元艺术形式的宗教艺术，在其发展和流传过程中，这种艺术形式具有浓厚的民族特色。

跳香祭祀舞蹈以老司独舞为主，将多人舞、集体舞与独舞有机结合，形成独特的风格。舞蹈伴奏乐器也由原来的只用独鼓打击乐和牛角伴奏，发展到明清时期吸收大锣大鼓的音乐表现以及民间武术、山歌唱腔、唢呐、长号的表现手法，连续反复，跟随舞步，变化多样，音乐特色鲜明。牛角、唢呐、长号是伴奏中的主要乐器，吹奏时节奏自由，气息通畅，整个音乐与跳舞者感情谐和，气氛欢快热烈。跳香舞一般都是集体行为，参加舞蹈的人数少则20人，多则上百人，参加跳香祭祀活动的香众都是演员，老司起着领舞和指挥作用。在祭祀活动中，跳香舞蹈充满了集体精神，也体现了这种艺术形式需群众参与的特征。跳香舞蹈分为独舞、多人舞和集体舞等类型，在锣鼓的伴奏下节奏轮换变化，情绪高低起伏。舞蹈动作吸收了本地苗族其他民间舞蹈动作，如团圆鼓舞中的"散花""单甩手""转身双靠手"等，傩面舞和童子舞还借鉴了一些苗族的武术动作。在种五谷和大旋场的集体舞蹈中，舞蹈动作则是以农耕动作为主，体现了农耕文化的艺术特色。

1984年初，泸溪县文化馆民俗专家戴铭昭、熊长林、张金宽等对苗族跳香大旋场的集体舞部分进行抢救发掘、整理，音乐专家李曼莉、石泽林编谱了跳香舞音乐。在原始音乐基础上，加配了二胡、笛子和鼓点伴奏，形成了集体舞蹈跳香舞。6月，组织全县18个乡镇文化站文化辅导员在梁家潭乡进行为期20天的排练，自此，跳香集体舞从跳香祭祀活动中被提炼出来，首次出现在该乡7月4日举办的苗族传统节日"六月六"民俗节目表演内容之中。由此，集体舞蹈跳香舞正式成为泸溪县苗族民族传统节日的民俗文化节目之一。1997年，县文化局经过加工整理，将苗族跳香大旋场跳香舞部分进行改编，取名《罗列兹》，代表泸溪县在湘西州四十周年州庆文艺演出中表演，并制成视频资料。2007年，经过改造、编排，组成200人跳香舞队，参加湘西州五十周年州庆文艺演出表演。2015—2018年，梁家潭乡（现属洗溪镇）文体广电服务站站长杨家旺对苗族跳香中的集体舞进行研究，再度发掘，从中提炼了傩舞、十二月农事歌、谢神灵3个集体舞。它们作为民俗文化节目在芭蕉坪村的"三月三"挑葱节、古丈县平坝镇的"七月八"情人节活动上进行展演。

二、分类

舞蹈贯穿于整个跳香祭祀仪程中，每场法事都有舞蹈表演，舞蹈起到叙述跳香祭祀故事情节的作用，而老司的独舞则起着祭祀活动的引领作用。开坛仪程法事以掌坛老司独舞为主，其舞蹈动作主要是罡步舞、旋场舞，体现了老司在祭祀开场中的重要性。后面四个仪程除老司独舞之外，多次出现双人舞、多人舞、集体舞。在申法法事仪程中，有三人穿花谢神舞、游船送瘟舞、十二人开山傩舞、谢神灵集体舞。在种五谷仪程中，搬土地环节有土地公公、土地婆婆双人舞，"十二月农事歌"集体舞。发童子仪程中有"打童子"舞（均为武术动作）和受神力影响的香众自行表演的狂欢舞。大旋场仪程中的集体舞主要是跳香舞。五个祭祀仪程多种舞蹈形式构成整个跳香祭祀的叙事格局。

开坛仪程主要在香殿内进行。在开坛仪程中，老司的独舞主要表现为请神降临香坛情节。在开场锣鼓和唢呐声中，老司行穿戴之礼，双手平端法帽、法袍，双脚按五步罡步法行走，"左转一圈后踏一步，右转一圈后踏一步，前迈两步自转一圈"后，穿戴法帽法袍，接着掐手诀，画符水。然后左手持司刀、绺旗，右手持牛角，口念请神辞，双手随脚步摆动，步伐按三角图形行走，走"三步罡"，请神安位。安神后，老司手执牛角与司刀，吟唱"团兵"词，按九州八卦图形踏罡步斗，即"九步罡"。每场法事的各个环节以"转五步"启下，以"转踏步"调场衔接。

申法仪程以及后面的种五谷、发童子、大旋场仪程都在香殿外进行。在申法仪程中，依次表演老司独舞、开山傩舞、三人穿花谢神舞、三人游船送瘟神舞、谢神灵集体舞，体现请神、点集兵马、开山农耕、送瘟神、酬谢神灵等场景。

种五谷仪程除老司独舞外，有搬土地双人舞、十二月农事歌集体舞，体现人们从事农业生产劳作情景，达到娱神娱人的目的。

发童子仪程有老司独舞、打童子舞，其主要目的是通过童子沟通天地神灵，叩问村寨人们福祸，并以此消灾，祈求福禄。

大旋场仪程有老司独舞、跳香舞两段舞蹈，主要表现苗族祖先生活劳作场景，以老司带头领舞、群众共舞的形式表现，反映族群共庆丰收，与神同乐的情境。

老司作为跳香祭祀活动的主角，除了祭祀和吟唱请神辞之外，舞蹈成为祭祀活动的主要内容。其舞蹈中的手法、步法，根据不同法事环节突出不同的手部、脚步动态，以此来表现具体的法事意义。三步罡、九步罡舞主要用于请神，五步罡舞则用于差兵，七步罡舞用于驱鬼，穿花舞用于叩谢五方神灵，游船舞用于除邪扫瘟。中央民族大学硕士研究生陈蕊（女，苗族，泸溪县人）自2015年起，连续两年三次到芭蕉坪村观摩跳香祭祀活动，并采访了跳香老司张启荣、张宗江父子及民俗专家，对苗族跳香的舞蹈部分进行较为详细的研究，于2017年5月撰写《湘西泸溪县芭蕉坪村"跳香舞"形态与功能研究》的毕业论文。在论文中，陈蕊将老司在跳香活动中独舞的核心动作归纳为"掏""盘""晃""绕"四式，并对每个核心动作的用法做了详细介绍。"掏"式一般在持司刀、牛角等法器道具时做，"绕"式在执绺旗鬼刀时做，"盘"式在拿镰刀等农耕道具时做，"晃"式一般在旋转时做。其归纳的"掏""盘""晃""绕"四式动作表演形式如下。

掏式。老司手持司刀、牛角等法器做掏手式，脚下配以罡步、旋步，每后踏步时加颤，每踏罡时加踮。踏步掏手时向上起弹势，双膝随之屈而松随之。掏手有双掏手、单掏手之分，双掏手为双手持法器屈肘于胸前做"一举"式；单掏手为一手掏举，一手背于腰后。掏式整体风格沉而有力，情感淳朴。

绕式。老司执绺旗或鬼刀时做"∞"绕花式于胸前交叉，绕花由里向外转腕挽"∞"形，脚下迈步后续以踏步、旋步交替。在绕手时上身稍拧，胯部稍倾。绕花时眼随手动，脚随身颤。在踏罡步持绺旗之时，因脚下步伐调度繁复，手部一般多做掏式。绕式整体风格稳捷不飘，动态圆而饱满，步伐踮中带颤，颤中有悠。

盘式。是老司表演农耕之态时所做的手部动作。搬土地中老司模仿砍火畲农事时，双手持鬼刀，手肘屈于胸前，手腕顺时针由内向外转盘一圈后，向身左侧斜下"砍"。而后逆时针由外向内反盘，向身右侧斜下"砍"。整体盘式身体直挺，砍时刚劲有力，粗犷大方。

晃式。在大旋场中，老司持绺旗与司刀法器左右摆晃，双臂屈肘上举，脚下以主力腿（支撑腿）为轴心，动力腿点地在原地持续旋转，点转越旋越急，晃手幅度也随之越来越大。晃式整体风格急速稳健，起伏大，显阳刚之气。

三、动作

（一）单人舞

在跳香祭祀活动五个仪程中，独舞都是老司负责，以老司踩九州八卦罡步调场和旋场独舞为主，是独舞最多的部分。其次是表演《搬土地》傩戏的老司，表演的舞蹈动作主要是农事动作。老司在跳香祭祀活动中的单人舞主要有绺旗舞、司刀舞、鬼刀舞、牛角舞、罡步舞、摇船舞、扫邪舞、旋场舞等。这几个独舞的舞步都是踩着罡步进行的。

罡步又称"踏罡步斗"，巫道认为斗罡是天的纲维，地的纪纽。老司祭祀时，按斗宿之象、九宫八卦之图行走罡步。步法按照日月星三光、金木水火土五方、北斗七星七元解厄星君之三种自然形状行走。

罡，原意是北斗七星斗杓最末一颗星，即斗柄。北斗指向其最具体的一点就是罡。踏罡，即从斗柄开始随斗运转，在行步时按照天罡所在位置定方位。步斗，就是所走的步伐按北斗七星轨迹行走成斗形。这种方术，在东汉末期已经出现。符箓派将之采入道术，张道陵将步北斗扩展为步五斗。踏罡步斗步法又称为禹步。禹步的产生比北斗罡步更早。《洞神八帝元变经·禹步制灵》载："届南海之滨，见鸟禁咒，能令大石翻动。此鸟禁时，常作是步。禹遂模写其行，令之入术。自兹以还，术无不验。因禹制作，故曰禹步。末世以来，好道者众，求者蜂起，推演百端。"禹步之法有三步九迹之说，禹步九迹是排在一条直线上，并无斗折之形，后来它与步斗汇合为一。禹步中膝盖常弯曲，出步时两脚掌不平行，成丁字形，两脚掌的步法形成九十度夹角。与步斗混合后形成北斗、八卦、河图等禹步。踏罡步斗的步法基本为斗罡，后来发展出许多形式内容不一的罡法，所走的步子也不限于北斗之形。唐宋以后道书中所载常见罡名有：三步九迹法、十二迹禹步法、三五迹禹步法、蹑地纪飞天纲法、十五迹禹步法、天地交泰禹步法、交乾禹步法、未济禹步法、既济禹步法、步三台七星斗法、八斗步法、步豁落斗法、步三摄纲法、三步丁字纲法、步霹雳解咒杀鬼纲法、步纲敕水杀鬼都官法、关闭七步铁盖纲法、步火铃斗法、破地召雷罡、九州罡、连珠熠耀罡、五行相生罡、五行相克罡、二十八宿罡等数十种。踏罡步斗有两种功能，一是作为天象运行象征，步之即代表飞行九天。二是认为步罡有特殊威权，可以召役鬼神，禁制万物，消除灾厄。它与掐诀一起被当作道巫法师施法的主要手段。在巫傩法事科仪中，步罡是通常方法，在科仪中凡涉及进表上章，老司步量时侧重飞行九天，达于帝所。而在召将团兵、驱邪除妖一类法术中，则侧重于制伏凶恶，克伐灾危。

在苗族跳香祭祀活动中，老司的各种舞蹈步法均为走罡步。常用的罡步有九州八卦罡、三步罡、五步罡、七步罡等。

九州八卦罡又称为踩九州。九州是指雍、梁、兖、扬、青、徐、豫、冀、荆九个州，古代以九州代表整个神州大地，所以步九州八卦罡是代表神灵巡逻整个大地。其步法属于后天八卦，行走步法是：双脚站立于中宫，右脚斜退半步趟出，踏入乾卦；左脚直线半步向前，右脚跟上踏入兑卦；由此左脚大步斜跨向左，右脚跟上踏入艮卦；右脚大步斜跨至右前方，左脚跟上进入离卦；转身左脚大跨步直线向前，右脚跟上进入坎卦；转身右脚大跨步向前，左脚跟上步入坤卦；由此左脚大斜跨向左侧，右脚跟上踏入震卦；右脚直线向前半步，左脚跟上入巽卦；右脚斜跨向后退半步，左脚跟上，回到中宫。步罡时，老司双手持笏板或牛角、司刀，身体随罡步摆动起舞，吟唱"团兵词"。九州八卦罡舞步主要运用在请神之后，起到团聚兵马到香坛，护佑法事顺利进行的作用。

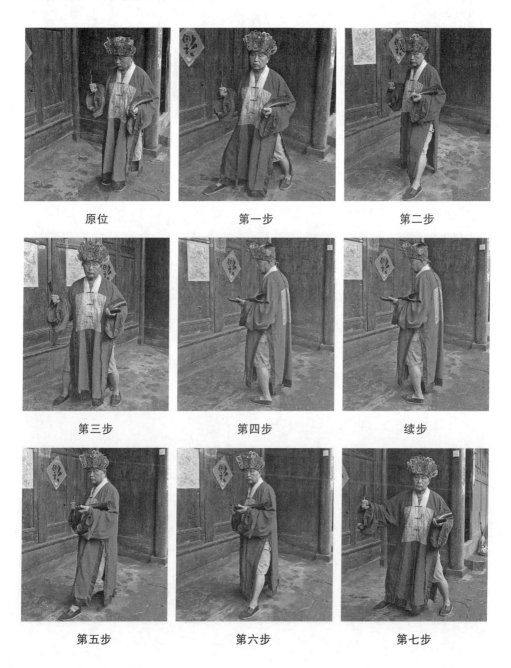

原位	第一步	第二步
第三步	第四步	续步
第五步	第六步	第七步

第八步　　　　　　　　　第九步　　　　　　　　　回位

　　三步罡。三步罡即走禹步，按照日、月、星三光走步罡。起步时，举头看日光，开口吸气，闭口塞气，成倒三角形步罡；向日光禹步时，左脚先移，右脚后移；向月、星二光禹步时，右脚先移，左脚在后。如此反复。此罡步步法在老司祭祀舞蹈中最为常用。

原位　　　　　　　　　　第一步　　　　　　　　　第二步

第三步　　　　　　　　　旋转步一　　　　　　　　旋转步二

旋转步三　　　　　　　回位

　　五步罡。五步罡也是走禹步，按照金木水火土五方走步罡。步法：从
中宫土方起步，右脚向后直退半步，左脚跟上，踏入水方；左脚向前直跨
一步，右脚跟上，踏入火方；左脚向左侧斜跨大步，右脚跟上，踏入木方；
右脚向右侧直线跨过中宫，左脚跟上，踏入金方；左脚回跨半步，右脚跟

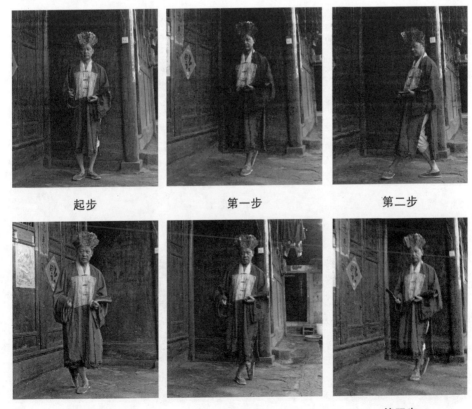

| 起步 | 第一步 | 第二步 |
| 续步 | 第三步 | 第四步 |

第五步   回位

上返回中宫土方。五步罡主要用于差兵点将和回场收兵。

七步罡。按照北斗七星图形踏步走罡。步法：从天枢（贪狼星）起左脚斜跨向前，右脚跟上踏入天璇（巨门星）；右脚向右侧直线跨一步，左脚跟上步入天玑（禄存星）；左脚向前直走一步，右脚跟上踏入天权（文曲

第一步   第二步   第三步

第四步   第五步   第六步

| 第七步 | 退步一 | 退步二 |

| 退步三 | 退步四 | 退步五 |

星）；左脚向左直跨一步，右脚跟上踏入玉衡（廉贞星）；右脚向左侧斜退半步，左脚跟上步入开阳（武曲星）；左脚向左侧向前斜跨一步，右脚跟上步入摇光（破军星）。此罡步主要用于到各户推送除邪扫瘟之前在香坛的踏罡步，祈求神灵保护除邪扫瘟法事顺利进行。

（二）多人舞

多人舞主要有唱土地、穿花舞、游船舞、傩舞、打童子舞等。

1.唱土地

一般出现在跳香祭祀活动的种五谷仪程中，唱土地一般由一位老司扮成土地公公，跳香队伍中推选一名会唱苗歌的香女进场与其边唱边表演舞蹈。这名香女一般不装扮土地婆婆样子，穿着与其他香女一样。其表演的动作主要是模拟农业生产、祈求五谷神平安赐福以及相互调侃的舞蹈动作。其动作没有固定模式，全是随机表演。在农事动作中，有挖地、播种、收割等。挖地动作是：土地公公双手持仙杖，边唱边表演挖地及其他动作，土地婆婆在后表演割草舞蹈动作。唱完舞完后，土地婆婆接唱，表演播种动作，左手抓住衣襟，右手从衣襟中做取种动作，由左侧向右侧表演播种，土地公公持仙杖在后表演翻耕动作。表演收割舞蹈时，土地婆婆背背篓在前，双手表演割禾动作，土地公公持仙杖在后，表演打谷子动作。祈福表演时，主要是持香敬神、双手打躬作揖等动作。而在调侃表演时，动作不固定，由两人即兴表演。

唱土地　　　　　　　　　　　　　土地傩面具

2. 穿花舞

穿花舞是三名老司在锣鼓声中按照太极图形状走碎步相互穿插，体现在跳香的开坛、申法程序的初始阶段。步法是：三人在香坛正中，背对香案站成横排，主祭老司居中，右手持牛角，左手持绺旗，副祭老司右手持兵旗。在锣鼓伴奏下，主祭老司左侧的副祭老司开始走碎步，穿过主祭老司和右副祭老司，按照八卦太极图形状穿插走碎步绕行，称为"穿花"。主祭老司始终在中间位置上，摆动牛角，摇动绺旗。两个副祭老司摇着兵旗，时高时低、忽左忽右摆动兵旗。三人按东、南、西、北、中五方五位或正身或侧身走碎步穿花。每到一个方位，停下打躬作揖叩拜神祇。然后又穿花到下一个方位。穿花至中央方位时，三人面对香案，打躬作揖叩拜神祇三次。每个方位穿花之后，管坛人在方位上烧纸奠酒。穿花目的是对香坛之外的孤坟野鬼进行供奉安慰，请他们不要入场干扰跳香法事，不要干扰村寨人们生产生活，不要危害生灵。

起步

东方穿花

南方穿花

西方穿花

北方穿花

中央穿花

旋场穿花

回位

3. 游船舞

游船舞在跳香申法程序中表演。主祭老司在敕符造船后，手持笏板，两位副祭老司抬起游船，跟随主祭老司边走边舞，按三山五岳、江河湖海五个方位，抬游船者晃动游船，随主祭老司走跳跃式三罡步起舞，每到一个方位，放下游船，三人并排，持笏板、拂彩旗打躬作揖。然后继续抬游船起舞。到中岳嵩山、黄河之后，放下游船，主祭老司起罡步作法，表演舞蹈。

游船舞一

游船舞二

游船舞三

游船舞四

游船舞五

游船舞六

游船舞七

游船舞八

4. 傩舞

傩舞主要是开山傩舞，有持械和徒手两种，均在开坛程序中表演。

（1）持械武术傩舞。持械武术傩舞由十二名傩舞表演者手持木耙（木镗）集体表演。主祭老司手持鬼刀，站在前面带领和指挥，十二名傩舞表演者排成两排或三排，面向老司，随锣鼓点子起舞。其舞蹈动作主要源于四门棍术中的小开门。基本动作是立定站立，木耙叉部朝下，右手持木耙柄，起步。

第一个动作：右脚踢木耙叉部，左手接住木耙柄上部，斜向朝左侧甩动木耙，叉部高，柄部低，同时左脚向前，与右脚成弓步。

第二个动作：斜向朝右侧跨一步，甩动木耙，叉部高，柄部低，同时右脚向前，与左脚成弓步。

第三个动作：左脚朝正面跨一步，正面甩动木耙，叉部高，柄部低。

第四个动作：右脚向正面横跨一步，与左脚一起同时立即转身成弓步，木耙从右侧身下带过朝前一挺。

每完成一个动作，喊一声"嗨"，由此重复四次。

（2）持械劳作傩舞。队伍站立形式与持械武术傩舞相同。

第一个动作：左右两队持木耙成左右斜向踏弓步出场，左手拿木耙柄上端，右手拿木柄尾部，先出左脚成弓步，右脚跟上，表示开山修畲。

第二个动作：木耙头端朝下，队伍大踏步走成圆形，木耙头端朝圆圈内，成弓步刺向圈内。表示围猎。

第三个动作：队伍踏步成三排，右手持木耙，左手叉腰，木耙头端朝上，木柄抵地面，按节奏打击地面，双脚成弓步踏步。表示犁田挖地。

持械傩舞一

持械傩舞二

持械傩舞三

持械傩舞四

第四个动作：队伍踏步成三排，双手将木耜高举，按节奏一高一低，双脚成弓步踏步。踏步从前排依次出场。表示庆贺五谷丰收，灾厄消除。

上述四个动作，每走一步，喊一声"嗨！"

（3）徒手傩舞。

第一个动作：每队六人，举双手与头部平齐，双腿下曲成弓步，从左右两侧分两排，喊着"嗨、嗨"声，随锣鼓点子横排踩步入场。表示打开山门，人们要从事农业生产了。

第二个动作：抬起右脚，双手举过头顶朝左侧推动，然后换左脚抬起，双手举过头顶朝右侧推动，每一次推动，喊一声"嗨"，反复八次。表示人们从事农耕活动。

第三个动作：第一排人员按第一个动作面朝内走，第二排接上，沿圆圈形状边舞边走数圈，形成圆圈，每走一步喊一声"嗨"。表示赶山围猎。

第四个动作：形成圆圈后，所有表演者将双手相互搭在肩上，走圆圈四圈后，每人松开手，转身朝外，挺起双手，朝前一举，喊一声"嗨"，舞蹈

徒手傩舞一

徒手傩舞二

徒手傩舞三

徒手傩舞四

完毕。表示庆贺五谷丰收，村寨清吉平安。

5.打童子舞

打童子舞主要在发童子仪程中表演。其动作既有舞蹈动作成分，也有武术动作成分，以武术动作为主。通过表演与后面的童子舞结为一体，达到祛邪消灾目的。

第一个动作：双龙出洞。从站位起步，右脚向前跨步成弓步，左脚在原地踏步向前，全身下蹲成马步。双手持童子锤戳向前方。在生活动作中表示打油。

第二个动作：金鸡报晓。左脚侧身向左侧跨步，右脚在原地随身子转向左侧，双脚形成弓步。双手持童子锤从右向左侧斜打，左手高，右手低至腹部。在生活动作中表示推磨。

第三个动作：雪花盖顶。左脚朝右斜跨成弓步，右脚在原地随身子转向右侧。右手持童子锤单举过头顶打向前方，左手侧放左侧。在生产动作中

表示打谷子。

第四个动作：古树盘根。左脚朝前跨步，右脚在原地随身子转向左侧。双手横持童子锤横打并逆时针转圈。在生产动作中表示锄草。

双龙出洞

金鸡报晓

雪花盖顶

古树盘根

第五个动作：扫地连环。左脚向前跨成弓步，身子朝前下蹲，右脚在原地随身子转向正面，斜成弓步。双手持童子锤从右侧横扫打向左侧。动作连环进行。在生产动作中表示施肥。

第六个动作：美女梳头。左脚向前跨成弓步，身子成矮桩，右脚在原地随身子转向正面，斜成弓步。右手高举童子锤从前额横扫打向头后部。在生活动作中表示梳头。

第七个动作：猫儿洗脸。左脚向前跨一步，右脚在原地，与左脚形成弓步。右手横持童子锤从头顶前额向面部下打，左手侧放左侧。在生活动作中

表示洗脸。

　　第八个动作：猪八戒背媳妇。双脚在原地保持弓步形状，身子稍弯。双手将童子锤横持在背后并弓步转圈，躲避对方袭击。在生活动作中表示背新娘。

扫地连环

美女梳头

猫儿洗脸

猪八戒背媳妇

　　第九个动作：怀中抱子。身子稍弯，双脚成弓步。右手持童子锤放在左侧，右低左高成抱小孩形状。对方攻击时，右手出锤击打对方脸部。在生活动作中表示给小孩喂奶。

　　第十个动作：黄狗穿裆。身子稍弯前倾，左脚在原地，抬起右脚，左手持童子锤穿过裆部，右手在后面接住。在生活动作中表示织布。

　　第十一个动作：风扫落叶。身子稍弯向左，右脚原地不动，抬起左脚向左侧踹。双手持童子锤由正面向左侧斜扫击打。在生活动作中表示纺纱。

怀中抱子

黄狗穿裆

风扫落叶

懒婆娘挑水

第十二个动作：懒婆娘挑水。左脚前跨，与右脚成弓步。双手将童子锤横持在背部，形成挑水状态。躲避对方袭击，瞄准空当持棍击打对方胸部。在生活动作中表示挑水。

第十三个动作：倒插杨柳。身子稍微弯曲，右脚抬起，右手单持童子锤，将锤部由上向下插向地面。遇袭时，右脚猛踢锤部击打对方裆部。在生活动作中表示舂米。

倒插杨柳

（三）集体舞

跳香集体舞都是按圆圈形式进行表演，按照主坛老司根据祭祀活动中的阴阳相合和与神同乐需要设置，分顺时针和逆时针两种。在舞蹈中，老司如果按顺时针（属阳）舞蹈，香众就跟着转阳步舞蹈；如果按逆时针（属阴）则跟着转阴步舞蹈。实际上，按圆圈形式舞蹈就是按照太极图形状进行的，在香众圆圈舞蹈时，老司在中间按太极图走罡步动作，表示通过跳香祭祀取悦神灵，达到人们期盼的福禄双全、阴阳相合意愿。其意义在于通过舞蹈向人们传达神灵旨意，又通过舞蹈向神灵转达人们的期盼和敬意。

集体舞体现在传五谷环节和大旋场最后环节。在种五谷程序的传五谷环节时，香众持香随着老司环绕香坛团香，边唱边舞，其舞蹈动作比较简单，主要是播种、薅草、收割等农事动作，动作均为原生态，没有经过艺术加工。老司做什么动作，香众在后面跟着表演，唱的多，舞蹈表演比较单一。在种五谷仪程的"搬土地"傩戏傩舞中，有"十二月农事歌""唱古情"两个环节集体舞表演。大旋场仪程最后环节的跳香舞蹈动作有八套，均是农事动作的升华。

1.搬土地环节的集体舞"十二月农事歌"舞蹈

（1）基本格局。

①队伍组成。装扮土地公公的老司1人，装扮成土地婆婆的歌娘1人，香女人数不限，但最少必须有12人，组成舞蹈队，打鼓、敲锣、打钹、打胎锣各1人组成打击乐队，唢呐2人，整个舞蹈队伍至少20人。

②基本队形。打击乐队、唢呐队站在圈外，土地公公和土地婆婆居中，香女围绕土地公公和土地婆婆成一个圆圈。

③道具。土地公公持仙杖（鬼刀），土地婆婆背背篓，香女均为徒手。

（2）表演格局。舞蹈基本动作主要体现农业生产劳作。具体表演格局是：锣鼓停止后，土地公公在唢呐伴奏下，起唱"十二月农事歌"，从一月农事唱起，土地公公唱完正月农事歌后，土地婆婆接唱二月农事歌，二人边唱边舞动仙杖表演当月农事动作，唢呐伴奏，香女队依照土地表演的动作同步表演农事动作。每两个月的农事歌唱完后，打击乐队敲打慢板鼓点锣鼓，

土地公公带领香女队在原地成圆圈走动。依次唱到十二月（腊月）为止。除每月农事动作不同外，队伍走动方式相同。这段舞蹈共有12套动作。基本动作如下。

①引子。锣鼓敲打快板鼓点，然后转入慢板鼓点，土地公公将鬼刀作为仙杖，土地婆婆背背篓或包袱带领舞蹈队入场，围成圆圈，做表演的准备工作。

②舞蹈动作。

第一套：烧荒备耕。锣鼓停止后，唢呐伴奏，土地公公起唱"正月农事歌"，这段唱词的舞蹈动作表现农业生产备耕劳作。

动作：第一节，顺时针绕圈站立，左脚向前一步，双手从右侧摆向左

烧荒备耕舞一

烧荒备耕舞二

烧荒备耕舞三

烧荒备耕舞四

侧。第二节，绕圈行走，右脚向前一步，双手从左侧摆向右侧。第三节，绕圈行走，左脚向前一步，双手从右侧摆向左侧。第四节，绕圈行走，右脚向前一步，右手从左侧过头部摆向右侧，左手叉腰。舞蹈动作根据歌曲速度搭配，一般唱第一句歌词时，将四节舞蹈动作一次性表演完，唱后三句歌时重复四节舞蹈动作。

第二套：铲田坎。土地公公唱完"正月农事歌"后，土地婆婆接唱"二月农事歌"，在土地婆婆的歌声中，众人随歌舞蹈。

动作：第一节，绕圈行走，左脚前行一步，双手从左侧举过头顶，转身回向右侧逆时针行走，右脚向前一步，双手向下朝前摆动一次。第二节，原地站立，抬起右脚，弯曲小腿，朝前甩动二次。第三节，右脚朝前一步，

铲田坎舞一

铲田坎舞二

铲田坎舞三

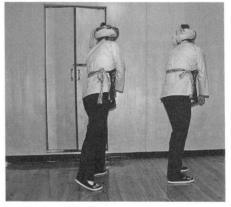
铲田坎舞四

弯腰，双手朝右侧朝前推动两次。第四节，回身朝左侧，顺时针行走，左脚朝前一步，弯腰，双手朝左侧朝前推动两次。唱第一句歌表演第一节、第二节动作，第二句歌表演第三节、第四节动作，如此反复。这段舞蹈专门表演农事铲田坎的劳作动作。

这两套舞蹈表演结束后，打击乐队敲打鼓点压底，然后进入下一节表演。

第三套：秧田担肥。锣鼓停止后，土地公公在唢呐伴奏下，起唱"三月农事歌"，众人随歌舞蹈。这段唱词的舞蹈主要体现农业生产担秧田肥料的劳作。

动作：第一节，顺时针绕圈行走，左脚向左侧前行一步，双手伸展，与

秧田担肥舞一

秧田担肥舞二

秧田担肥舞三

秧田担肥舞四

肩平行，随脚步做挑担动作。第二节，顺时针绕圈行走，右脚向右侧前行一步，双手伸展，与肩平行，随脚步做挑担动作。第三节，顺时针绕圈行走，左脚向左侧前行一步，双手伸展，与肩平行，随脚步做挑担动作。第四节，左脚成弧形逆时针转身后退向后侧，与右脚平行，左手腕关节与手掌成90度弯曲，右手托住左手腕。一套舞蹈动作在第一句歌声中完成，唱后三句歌时重复四节舞蹈动作。

第四套：播种五谷。土地公公唱完后，土地婆婆接唱"四月农事歌"，众人随歌舞蹈。

动作：第一节，顺时针绕圈行走，左脚向左侧前行一步，左手托起左衣襟左边，右脚前行，右手从左侧衣襟里随脚步做取种子动作，朝下甩向右

播种五谷舞一

播种五谷舞二

播种五谷舞三

播种五谷舞四

侧。第二节，顺时针绕圈行走，左脚向左侧前行一步，左手托起左衣襟左边，右脚前行，右手从左侧衣襟里随脚步做取种子动作，从左下过面部举过头顶甩向右侧。第三节、第四节与第一节、第二节动作相同。舞蹈动作根据歌曲速度搭配，一句唱词表演一节舞蹈动，唱后两句歌时重复一、二节舞蹈动作。这段舞蹈专门表演农事播种的劳作动作。

　　这两套舞蹈表演结束后，打击乐队敲打鼓点压底，然后，进入下一节表演。

　　第五套：扯秧。锣鼓停止后，土地公公在唢呐伴奏下，起唱"五月农事歌"，众人随歌舞蹈。这段唱词的舞蹈动作主要体现农业生产播种栽秧劳作。

扯秧舞一

扯秧舞二

扯秧舞三

扯秧舞四

动作：顺时针绕圈行走，身体下蹲，双手朝前伸展，拇指与四指叉开，表演扯秧苗动作三次；双手弯曲至胸前，双手握拳一上一下，表演洗秧苗动作两次；紧接着右手举高甩向右侧，同时起身站立，表演抛秧苗动作。一句唱词表演这一套动作。

第六套：插秧。土地公公唱完后，土地婆婆接唱"六月农事歌"，众人随歌舞蹈，表演播种栽秧劳作动作。

动作：第一节，面向右侧，弯腰，左脚先行，左手平放左侧腰间，右手接触左手，做分秧动作三次点地，右脚跟上。第二节，面向左侧，弯腰，右脚先行，左手平放左侧腰间，右手接触左手，做分秧动作，三次点地，左脚跟上。第三节，面向右侧，弯腰，左脚先行，左手平放左侧腰间，右

插秧舞一

插秧舞二

插秧舞三

插秧舞四

手接触左手，做分秧动作，双手点地，右脚跟上。第四节，面向左侧，弯腰，右脚先行，左手平放左侧腰间，右手接触左手，做分秧动作，两次点地。紧接着站立，右手从胸前向上紧挨额头，甩向右侧，做擦汗动作。每句唱词配一节舞蹈动作。

这两套舞蹈表演结束后，打击乐队敲打鼓点压底，然后进入下一节表演。

第七套：薅田除草。锣鼓停止后，土地公公在唢呐伴奏下，起唱"七月农事歌"，众人随歌舞蹈，表演农业生产中耕除草劳作。

动作：起左脚侧面前行一步，与右脚形成弓步，弯腰，双手朝前表演薅田动作三次。然后起右脚侧面前行一步，与右脚形成弓步，弯腰，双手朝

薅田除草舞一

薅田除草舞二

薅田除草舞三

薅田除草舞四

前表演薅田动作三次。每句唱词配一节舞蹈动作，反复表演四次。

第八套：中耕施肥。土地公公唱完后，土地婆婆接唱"八月农事歌"，众人随歌舞蹈，表演中耕施肥劳作动作。

动作：起左脚前行一步，右脚在原地，左手弯曲至左侧腰间，手掌弯曲成掌窝状，右手从左手掌窝里表演取肥料动作三次，然后右手甩向右侧，边行走边表演。每句唱词配一节舞蹈动作，反复表演四次。

这两套舞蹈表演结束后，打击乐队敲打鼓点压底。

中耕施肥舞一

中耕施肥舞二

中耕施肥舞三

中耕施肥舞四

第九套：收割五谷。锣鼓停止后，土地公公在唢呐伴奏下，起唱"九月农事歌"，众人随歌舞蹈，表演农业生产收割五谷劳作。

收割五谷舞一

收割五谷舞二

收割五谷舞三

收割五谷舞四

　　动作：第一节，左脚先行，下蹲弯腰，右脚在原地，左手表演抓住谷物动作，右手表演持镰刀割禾动作，双手表演割禾动作四次，然后双手甩向右侧，表演堆禾动作。第二节，右脚先行，下蹲弯腰，左脚在原地，左手表演抓住谷物动作，右手表演持镰刀割禾动作，双手表演割禾动作四次，然后双手甩向右侧，表演堆禾动作。第三节、第四节动作与一、二节相同。每句唱词配一节舞蹈动作，反复表演。

　　第十套：打谷子。土地公公唱完后，土地婆婆接唱"十月农事歌"，众人随歌舞蹈，表演打谷子劳作动作。

　　动作：第一节，左脚先行，弯腰，右脚在原地，双手向左侧摆动三次，表演打谷子动作。第二节，右脚先行，弯腰，左脚在原地，双手向右侧摆动

三次，同样表演打谷子动作。第三节，左脚先行，弯腰，右脚在原地，双手向左侧摆动三次，表演打谷子动作。第四节，右脚先行，弯腰，左脚在原地，双手过头顶甩向右侧，表演堆稻草动作。每句唱词配二节舞蹈动作，反复表演。

这两段舞蹈表演结束后，打击乐队敲打鼓点压底。

打谷子舞一

打谷子舞二

打谷子舞三

打谷子舞四

第十一套：挑谷子。锣鼓停止后，土地公公在唢呐伴奏下，起唱"十一月农事歌"，众人随歌舞蹈，体现农业生产丰收后挑担劳作。

动作：第一节，起左脚顺时针绕圆圈左行，右脚跟进，双手伸平肩部，表演担谷子动作。第二节，起右脚顺时针绕圆圈右行，左脚跟进，双手伸

挑谷子舞一

挑谷子舞二

挑谷子舞三

挑谷子舞四

平肩部，表演担谷子动作。第三节、第四节属于一、二节重复动作。每句唱词配六节（含重复）舞蹈动作。

　　第十二套：洗衣梳头。土地公公和土地婆婆在唢呐伴奏下，合唱"冬腊月农事歌"，众人随歌起舞，表演农闲时期人们休闲劳作。

　　动作：起左脚顺时针前行，右脚跟进，双手自然摆动，表演洗衣动作，到第六个节拍时，右手抬高至头顶，表演梳头动作。每句唱词配六节（含重复）舞蹈动作，依次反复表演。

　　舞蹈表演结束时，打击乐队敲打鼓点压底，然后敲打快速鼓点收场。至此，"十二月农事歌"舞蹈表演完毕。

洗衣梳头舞一　　　　　　　　　　　洗衣梳头舞二

洗衣梳头舞三　　　　　　　　　　　洗衣梳头舞四

2.种五谷仪程中的谢神灵集体舞

（1）备用祭品。备好五谷和时令菜蔬、糖果、糍粑等，放置在12个托盘之中。

（2）舞蹈基本格局。

①队伍组成。老司1人，傩面具队12人，龙旗队12人，端盘子队12人，打鼓、敲锣、打钹、打胎锣各1人组成打击乐队。

②基本队形。入场前，打击乐队在香坛坪场正中摆放锣鼓。打击乐队敲响锣鼓后，老司手持牛角、司刀、绺旗带领队伍入场。队伍形成四个圆圈，中心是打击乐队和老司；第二圈是头戴十二生肖傩面具，分别持开山

斧、刀、叉、棍、锤、铜、铜铃、绺巾等武术器械和法器的傩面队；第三圈为12名持龙旗的龙旗队，外圈是12名端着12盘五谷和时令菜蔬、糖果的香女队。

（3）基本动作。入场。在请神鼓点中老司吹响牛角，舞动司刀、绺旗，带领队伍入场。老司站在小方桌上舞动牛角司刀在内圈转圈，领唱"谢神灵"歌；傩面队持械具按顺时针方向列队慢速行走转圈；龙旗队举旗按逆时针方向行走转圈，香女队向内举起托盘在外圈列队按顺时针方向慢速转圈。

谢神灵舞一 谢神灵舞二

锣鼓声停止后，队伍慢速走动，老司继续领唱"谢神灵"歌，傩面队持械行走，龙旗队举旗按逆时针方向行走转圈，香女边走边持托盘向外表演祭祀这位神灵的动作。老司唱完一首谢神灵歌时，打击乐队立即敲响快速鼓点，队伍面向正中举起器械、法器、托盘，齐声合唱"喜呀傩啊怀哎"或"谢呀神啊灵哎"，并列队按鼓点节奏快速沿圈跑动。如此反复，一直领唱和表演到谢十二位神灵为止。每唱一首谢神灵歌，香女表演各个祭祀动作，队伍合唱尾声。老司将第十二位神灵唱完后，在快速锣鼓声中，香女将托盘中的糖果、糍粑抛洒给观众，留下五谷、菜蔬。

3.大旋场最后环节的集体舞——跳香舞

这是整个跳香祭祀活动的精彩部分，共有八套动作。

第一套：虔诚敬香。在跳香音乐的伴奏下，老司带领香女队伍每人持一根香，分两路纵队从香坛一侧出场。动作有四个节拍：①双手平行持

香，左脚向左侧走一步，身子偏向左侧；②接着右脚向右侧走一步，身子偏向右侧；③左脚向前走一步跟上右脚成立定状，然后双手持香举过头顶；④弯腰作揖，同时左脚向前伸一步立即回到原位。反复动作至队伍形成圆圈。

虔诚敬香舞一

虔诚敬香舞二

虔诚敬香舞三

虔诚敬香舞四

第二套：砍畲开荒。动作有两个节拍：①左脚向左侧走弓步，双手做持柴刀状用力向左侧伸出；②右脚向右侧走弓步，双手做持柴刀状用力向右侧伸出。以此动作向前再走两个节拍。

第三套：挖土整地。动作有四个节拍：①左脚向左侧走弓步，双手做持锄头状扬过头顶伸出甩向左侧；②右脚向右侧走弓步，双手做持锄头状扬

砍畲开荒舞一

砍畲开荒舞二

砍畲开荒舞三

砍畲开荒舞四

过头顶伸出甩向右侧；③左脚向前走弓步，双手做松土状甩向左侧；④左
脚跟上右脚，双手做松土状甩向右侧。

挖土整地舞一

挖土整地舞二

挖土整地舞三

挖土整地舞四

第四套：播种五谷。动作有四个节拍：①左脚向左侧走弓步，双手向左侧伸出，击掌；②右脚向右侧走弓步，双手向右侧伸出，击掌；③左脚向前走弓步，双手伸出，弯腰击掌；④左脚跐脚收回至右脚旁，双手甩过头顶伸

播种五谷舞一

播种五谷舞二

播种五谷舞三

播种五谷舞四

向右侧，左脚回位。

第五套：锄地薅草。队伍站在原地，人员正身面对面。动作有四个节拍：①提起左脚，双手伸向脸部左侧，击掌；②提起右脚，双手伸向脸部右侧，击掌；③踮起左脚，左手甩向左侧背后，右手正面甩向胸前；④踮起右脚，右手甩向右侧背后，左手正面甩向胸前。

锄地薅草舞一

锄地薅草舞二

锄地薅草舞三

锄地薅草舞四

第六套：中耕施肥。在完成第五套动作后，队伍按顺时针方向走圆圈。动作有四个节拍：①双手伸向脸部左侧，击掌；②双手伸向脸部右侧，击掌；③踮起左脚，左手甩向左侧背后，右手正面甩向胸前；④踮起右脚，右手甩向右侧背后，左手正面甩向胸前。

第七套：纺纱织布。队伍重复第四套动作，走一圈后，变换动作。队伍站在原地，人员正身面对面，内外圈人员交叉穿插。动作有四个节拍：①提起左脚，双手伸向脸部左侧，击掌；②提起右脚，双手伸向脸部右侧，击

中耕施肥舞一

中耕施肥舞二

中耕施肥舞三

中耕施肥舞四

掌；③右脚向对面队员的侧面小弧形跨一步，右手从右侧身下穿过，左手甩向左侧背后；④左脚大弧形跨过，与右脚平行，与对面队员换位，右手举过头顶，左手与左肩平行。③④节拍须连贯完成。

纺纱织布舞一

纺纱织布舞二

纺纱织布舞三   纺纱织布舞四

第八套：丰收喜悦。队伍重复第四套动作，走一圈后，随快速的音乐变换动作。动作为一个节拍。侧身对圈内，先起左脚，紧接着抬起右脚，双手甩向圈内，跳跃式走圆圈。边走边随动作呼喊"嗨、嗨"声，随后围绕在老司和指挥鼓手身旁，随着紧密的鼓点，伸出双手举高，三个鼓点后，高呼"嗨"声，结束舞蹈。

丰收喜悦舞一   丰收喜悦舞二

丰收喜悦舞三

第 十 章

跳香的寓意、价值及传承保护

　　跳香活动因其融洽的氛围让人易于接受，是一种没有严格讲究，没有功利性和世俗性，人人平等参与的大型集会。活动能增进人们之间的友谊，更能演绎和传承本民族传统音乐文化。这是跳香祭祀活动能持续传承的主要原因。

第一节 跳香的寓意及文化内涵

一、跳香的寓意

跳香作为湘西苗族最具代表性的祭祀民俗活动，仪程复杂，内容丰富，集中体现了苗族先民对天地神灵的崇拜，对农业生产的敬重，以及祈福禳灾的美好愿望。跳香在文化寓意上具有多重功能。

（一）与神对话

在整个跳香祭祀仪程中，老司唱词和舞蹈是与神对话的重要表现形式。唱词是开通灵路与神对话最直接的表达方式，每请一路神灵或每一次团兵入场，老司都要通过唱词来进行。而舞蹈是最为核心的构成要素，老司通过舞蹈表现形式来与神对话。人们祈盼通过祭祀活动借助神灵之力量达到所求愿望，以满足某些需求。老司则利用人们这种心灵祈盼，通过种种巫傩法术表演，帮助人们解开心灵之锁，实现意愿，同时也通过祭祀活动来稳固自己在巫傩法事中的地位。其表现形式主要有手诀、口诀、打答、作法让童子"上车"和"退车"、口咬火犁退灾等法术和绝技，证明其自身法力。而人们则祈求老司通过巫傩法术与神对话，通过祈神方式以求神灵帮助自己达成意愿。就跳香祭祀而言，老司使用法器与咒语，通过各种巫傩法术形式与神灵沟通对话，实现人们求神庇佑平安、五谷丰登、六畜兴旺的心灵祈盼。

（二）除邪扫瘟

在跳香祭祀活动中，罡步除了被认为可以召唤神灵外，还具有除邪扫

瘟的功能。老司以咒语、唱词和舞蹈形式召唤天神地神各路兵马到达香坛，护佑法师顺利进行跳香活动。实际上，老司也是通过召唤天神地祇各路兵马的各种表演来增强自我实力，以期获取更大法力，实现除邪扫瘟，祈求平安、风调雨顺的目的。老司召唤兵马到场后，以唱词和各种罡步舞蹈对兵马进行调度排阵，增加除邪扫瘟的功效。除邪扫瘟主要体现在申法仪程中，分三次进行。老司在香坛进行第一次除邪扫瘟法事后，带神兵神马到村中进行"推送"（除邪扫瘟）法事。从香头家起，在每家每户以念咒语、掐手诀、喷符水、贴符箓、摇游船、走罡步、钉桃符等手段为主家赶走恶鬼，祛除瘟气邪气，解决生活中的种种困扰；借超自然能力来祛病除害，扫除瘟气，以获取现世幸福。人们也希冀通过"推送"这种除邪扫瘟方式，实现清吉平安。实际上，这是人们通过法事达到心理平衡的一种措施。各家各户"推送"法事完毕后，老司通过吹牛角将散落在村寨的神兵神马召回集中，在长号、唢呐声中将神兵神马带回，抬回游船，选择在溪流边，进行一番摇船舞表演后，宰杀雄鸡，作法将游船烧掉，推入水中，表示将瘟神恶鬼送走。然后，召集兵马，将好神一并带入香坛，继续进行跳香法事。

（三）与神同乐

与神同乐也称娱神，主要体现在跳香祭祀活动中种五谷仪程的唱土地、唱神灵以及大旋场仪程中的跳香舞等环节。种五谷唱土地环节，老司通过扮演土地神与观众互动，以诙谐的肢体动作和调侃式的唱词表现土地神的性格特征，表达人们对土地神的感谢和敬重。在唱神灵环节，老司带领香众围成圆圈舞蹈，每唱一段神灵，香众齐呼"喜—傩—怀"，然后锣鼓加以衬托，烘托出愉悦轻松的氛围，以此来趋奉神灵。在大旋场仪程中，香众通过八节表现农耕动作的集体舞蹈，直接呈现与神对话的场景，实现与神灵的"同场"交流，渲染着欢愉的场域氛围。不管是请神、酬神还是娱神，与神灵的沟通正是跳香舞贯穿于仪式始终的目的。

举行跳香祭祀仪式是全村人的共同事务，敬神、敬祖需要大家共同协力才能顺利完成。日常生活中出现的矛盾与分歧在此时此刻得以化解，大家

齐聚一堂，每一位村民都能切实感受到村落、族群、集体的存在，增进了族群彼此间的认同感，增强了族群的凝聚意识。同时，在整个跳香过程中，参与者都用苗语或乡话相互交流，致使不通晓本地语言的外族人无法融入沟通。香众通过跳香祭祀活动使族群共同语言、共同信仰、共同情感得以深化，升华仪式情感体验，加深对神灵和祖先的信仰意识。

跳香仪式是族群的精神纽带，是族群宗教情感的寄托，不仅能达到强化族群身份认同、增强族群凝聚力的目的，同时也具有维护仪式秩序稳定、维系族群彼此间情感的功能，并在一定程度上有着促进整个社会和谐的现实功能意义。在社会生活中，免不了出现各种矛盾与负面情绪。人们将跳香祭仪作为情感的寄托之所，通过仪式性活动而获得一种心灵上的解脱。信心、勇气、安全感的获取，使跳香人充满能量地去战胜困难、消解焦虑、应对现实。举办跳香祭祀活动，使得人们心里长久的压抑获得释放与消解，同时在强烈情感的体验中，获得心理的平衡和情感的极大满足。①

二、文化内涵

跳香是苗族先民为了祈求风调雨顺、五谷丰登而对五谷神和人类始祖伏羲女娲进行祭祀，并与民间祈福消灾、巫傩技艺相结合而形成的大型民俗节庆活动，是湘西苗族传统文化的重要载体。跳香文化蕴含着历史学、民俗学、宗教学、人类学、神话学、艺术学、武术学、美学等多学科意义和价值。跳香的实质是酬谢五谷神及土地神、庆贺丰收和祈求神祇佑护，是苗族自然崇拜、氏族首领崇拜和祖先崇拜的综合体。人们通过进行跳香活动，希望达到驱邪恶除瘟疫、五谷丰登的目的。它不仅是酬谢神祇、祈祷平安、除邪驱疫的宗教祭祀活动，而且还是娱乐和狂欢的民族节日活动。

跳香包含的文化内涵十分丰富，除了具有浓郁的宗教性外，还包含了民间艺术的文化因子。在跳香整个过程中，体现了宗教性与民间艺术的结合，这种结合是苗族跳香独有的文化特色。在跳香活动中，讲究人人平等，

① 陈蕊：《湘西泸溪县芭蕉坪村"跳香舞"形态与功能研究》，中央民族大学硕士学位论文，2017年。

男女老少都有参加本村跳香的权力，人人都有与神同乐的机会。特别是跳香祭祀活动中的歌舞，把端肃的宗教仪式娱乐化，使其成为一种娱神悦己、同乐狂欢的全民活动，加深和增进了人们之间的情感联系。苗族跳香民俗活动将本民族传统音乐、舞蹈、宗教、习俗等融为一体，成为一个杂糅多种艺术形式的文化综合体，充分展现了苗族的文化特性和文化特质。[①]

第二节　艺术特征及文化价值

跳香在发展过程中，由最初单纯的祭祀活动逐步演变成集巫傩祭仪、巫傩技艺、歌舞、武术、服饰等民俗文化于一体的大型民俗文化活动，形成了独特的跳香艺术，这是其他祭祀活动难以比拟的。在流传过程中，苗族人民通过祭祀唱腔唱词和舞蹈来反映民族文化传统、生活习俗、心理素质，用这种方式传承和保留自己的艺术文化。

一、艺术特征

（一）多种教派相互融合，形成多教性

巫属于原始宗教信仰，除祭仪之外，音乐、舞蹈、武术、医术均源于巫，巫教的发展产生了跳香祭祀。农耕的出现产生了傩文化，傩仪最先融入跳香祭祀活动。随着时代的发展，道、佛、儒三教的一些相关内容和祭祀仪程逐步被巫傩祭祀采用，融入跳香祭祀活动之中。巫和傩结合后形成跳香祭祀活动的巫傩祭仪，而巫道结合使道教文化进入跳香内容。由于民间的玉皇殿、梅花殿、丰登殿以敬奉玉皇王母及五谷神为主，这些殿堂属

[①]　欧兰春：《湘西瓦乡苗族跳香祭祀的文化解析》，载《吉首大学学报》2014年第4期。

于斋堂，人们在此举行跳香等祭祀活动之前须斋戒三天，这又与佛教斋戒相同。因此，跳香祭祀又吸收了佛教祭仪的一些内容。在跳香祭祀唱词和念词中，编唱和书写都是按照儒教文化规矩进行的，又引入了儒家文化。所以，跳香祭祀活动是多教派的大融合，这与苗族还傩愿、椎牛两大祭祀区别很大。

（二）祭祀内容相互兼容，形成多样性

跳香是在借鉴与吸收湘西地区原始宗教、民俗、音乐、舞蹈等诸多文化艺术样式基础之上形成与发展起来的。整个跳香祭祀活动以巫傩祭仪为主，与多种民俗事象互相交织，互相兼容。在祭祀唱词、祭仪、歌舞、武术等内容中既兼容了道教相关内容和一些佛教祭仪，也兼容了劳动生产、狩猎、武术、山歌、傩戏、巫傩技艺等诸多民俗事象。器乐方面，伴奏打击乐由最初单一的大鼓伴奏兼容了大锣、包锣、胎锣、钹等多种乐器伴奏，伴奏吹奏乐除以牛角作为主要乐器外，兼容了唢呐、长号、洞箫等吹奏乐器。伴奏打击乐和吹奏乐跟随唱腔、舞步连续反复，变化多端，相互交织，整个音乐与舞者感情谐和，气氛欢快热烈。唱腔方面，最初的跳香祭祀唱词由主坛老司一人演唱，随着唱土地谢土地神、唱神灵谢主祭神、唱山歌人神共娱等内容的进入，形成了多人轮流演唱，并兼容了众人合唱或帮腔等形式。舞蹈方面，最初以老司个人踩罡步独舞，随后兼容了多人舞、集体舞等舞蹈形式。但是，不论多少人参舞，总是由老司一人担任领舞，其余均为伴舞。跳香音乐形象比较单一，因为苗族注重的是音乐旋律描述，没有形成成熟的和舞蹈相结合的音乐思维，围绕着基本旋律，不讲究音乐发展的对比与矛盾冲突。跳香祭祀活动的兼容性带来了其表演形式的多样性。跳香舞蹈风格表现形式有歌（独唱、对唱、众人帮腔）、有舞（独舞、多人舞、集体舞），腔调有祭祀腔调、土地腔调、唱神灵腔调、民间小调、山歌腔调等多类，基本舞蹈动作有开荒、砍火畲、挖地、耕田、播种、锄草、收割、堆草等十多种。祭祀仪程因地区的不同，有四部分、五部分、六部分、八部分、十二部分之分。不管有多少部分，其表现的主题都是相同的，人声演唱，结合舞蹈，以锣鼓、唢呐、牛角、长号伴奏形成多样性。跳香

舞音乐声腔带有强烈的宗教性，主要体现在"开坛""申法""发童子""传五谷""大旋场"各个程序中，由领舞者（老司）演唱，其他人应合，在演唱中，又和舞蹈（罡步）配合。跳香祭祀中老司的唱腔是苗族宗教音乐和苗族民歌的结合。舞蹈表演形式是跳香祭祀活动的主体，独舞和群舞在锣鼓伴奏下，节奏轮换变化，情绪高低起伏。跳香舞蹈吸收了其他民间舞蹈动作和一些武术动作，艺术效果得到相应的完善。牛角、唢呐、长号、锣鼓等多种乐器的伴奏，是跳香活动的一个组成部分，是一种最简单最实用的手段，符合民间音乐及民间戏曲音乐的规律。

（三）祭祀程序独特灵活，形成群体参与性

跳香祭祀活动在一套完整的祭祀程序中有着独特的情节。为了表现这些情节，除了祭祀活动的主要人物老司、土地公、土地婆外，还需要调动现场香众的积极参与。比如祭祀五谷神和傩公傩母的种五谷环节，从开粮库、种五谷，到撒五谷、收割五谷，完整呈现了农作物从选种播种到成熟收获的全过程，情节非常连贯，与村民的生产生活息息相关，所以主动上场参与表演者甚众。即兴演唱或表演是跳香的另一个独特性。跳香祭祀中的唱诵、舞蹈等在表演时虽然需要按照较为固定的程序进行，但在表演及演唱过程中有一定的即兴性，这在唱土地、表演农事活动对话、谢主（香头）等环节中表现得尤为突出。由于跳香祭祀活动的传承方式是口传心授，老司和艺人在传艺授徒时多凭自己的演唱经验、记忆，基本上不用书面的文字方式传承。另一方面，在表演中，艺术样式会因表演者的风格、习惯而发生变化，使艺术形式的呈现更为丰富多样，也更为群众所喜爱。跳香往往由一村独办或多村联办，举行时，全村男女老幼全部参加，路过行人、邻村民众也纷纷加入活动之中，形成群体性。因庆贺五谷丰收、村寨平安，祈求来年风调雨顺、人丁兴旺是跳香祭祀活动的主题，与村民的生活密切相关，因此，民众参与性极广。

二、文化价值

湘西苗族由于生活环境等因素的制约，艺术文化生活相对贫乏，而跳香

这种民俗活动，在很长一段历史时期曾十分兴盛和活跃。从苗族文化的发展历史上看，人们对巫傩文化的传播，促进了苗族跳香这一民俗现象的产生；而跳香活动的兴盛则对民族文化艺术的传播起到了积极推动作用。二者相辅相成，跳香民俗也因此具有融合传统文化、汇集特色民俗、凝聚民族精神等多种文化价值。但同时需要指出，与诸多以祭祀祈福为主要内容的古老民俗一样，跳香活动中也夹杂着一些消极、落后的封建思想文化糟粕，比如"发童子"仪程，就带有较浓厚的封建迷信色彩，这与古代先民对世界与人类自身的认知水平有限有关。对于跳香文化中的这些局限因素和消极影响，必须秉持客观、理性的态度。

（一）融合传统文化

跳香体现了苗族古老的本主崇拜和社稷文化，承载着许多重大历史文化信息和原始记忆。由于苗族人民的居住地区处于长期的农耕历史和相对稳定的文化环境之中，使得大量原始农耕祭祀礼仪在跳香活动中得以保留下来。通过以祭祀请神、酬神、送神和歌舞娱神形式祭祀傩公傩母和五谷神等诸神，成为民族文化传统得以保持和延续的重要因素。跳香舞等文化艺术不仅表现苗族人民的生存需要，而且也表现其宗教审美要求，从而得到心理上的慰藉。跳香祭祀仪式与跳香舞蹈、跳香歌谣等文化艺术相互渗透，使苗族原始文化艺术伴随着苗族巫傩活动得到保存和传播，构成苗族巫傩文化的核心。

（二）汇集特色民俗

苗族跳香艺术承袭了楚巫文化的特色，突出地表现了农耕文化的思想意识。在维持本民族的文化思想体系的同时，也融和和吸收外来文化，跳香文化艺术日趋丰富，文化底蕴更加厚实。同时，跳香祭祀活动汇集了诸多苗族特色民俗事象。香众穿着的苗族服饰、数纱头帕、数纱围裙、花布鞋、草鞋等体现了苗族服饰的独特性。表演所用的木耜、三节竹棍既是武术器械，又是农耕工具和生活用具，体现了苗族人们的智慧和才能。巫傩特技口咬火犁、上刀梯、踩火犁等，说明了巫傩文化的独特和深厚的基础。这

些特色民俗体现了民族文化、民族心理和风俗民情。

（三）凝聚民族精神

跳香是农耕文化的一种表现形式，是苗族人民祭祀与崇拜五谷神的一种民俗活动。它以独特的文化内涵和仪式流程将村落里的家户、家族、群体、个体等各个不同层次的社会实体联系起来，形成一个和谐的有机整体。人们在跳香活动中不仅增进了彼此之间的情感联系，也体验到自身与民族、先祖的特殊关系，从而获得一种集体安全感，体现出强大的社会整合功能。人们通过参与跳香活动，表达对风调雨顺、五谷丰登的祈愿以及祛邪消灾的诉求，在一定程度上纾解了日常生活压力，凝聚鼓舞了村寨民心。跳香祭祀活动反映出当地苗族同胞崇尚自然、敬畏天命的精神特质，对幸福安康生活的执着追求以及纯朴勤劳团结的民族精神，体现了独特的地域文化，传承着民族文化传统，体现了极强的民族凝聚力，成为维系民族精神的纽带。

第三节　跳香濒危现状

一、流布地区的萎缩

1964年以前，泸溪县流行跳香的每个村落都有跳香殿，经常举行跳香祭祀活动。1964—1978年，跳香祭祀活动被作为封建迷信被废止，跳香殿被摧毁，一度出现"断层"现象。1982年，实行改革开放，经济社会得到发展，不少苗族村寨又相继复建香殿，恢复跳香祭祀活动。但是，随着"打工潮"的出现和城镇化建设的加快，跳香祭祀活动不断萎缩。加之科学进步和文化素质的提高，年轻人广泛接触现代文化和科学技术，再用传统

祭祀方法消灾驱邪、传授农业生产知识已不现实。因而，传统风俗习惯和祭祀活动日渐消亡。时至今日，泸溪县只剩下洗溪镇的布条坪村大坪自然村、芭蕉坪村等苗族村寨，潭溪镇潭溪社区婆落寨土家族村寨等少数村寨还延续跳香祭祀活动。

二、参加人员的减少

随着城镇化建设进程的加快，许多村民都在城里购房生活，第一代打工者带出了第二代、第三代打工者，农村人变为城里人，许多小村寨几乎没有人居住，变成荒村。从事农业生产的人日趋减少，田土抛荒越来越多，农耕文化走向萎缩。有人曾经预言：如此发展下去，分布在边远山区的村寨，30年后小村寨将不复存在，50年后大村寨将寥寥无几。虽有些骇人听闻，但毕竟是社会发展进步的必然趋势。同时，由于科学技术的发达，在村里居住的村民大多不再相信举行跳香祭祀能够带来五谷丰登、人丁兴旺。因而，不肯筹钱来举行跳香祭祀活动。没有钱就组织不了跳香祭仪。就是举办了跳香祭祀活动，但是由于目前的家庭子女少，怕损伤儿童身体，家长不肯送子女当童子，因而发童子程序只能取消或改为其他形式的表演。还有，由于外出务工人员多，在举行跳香祭仪活动的时间里不能回乡参加，香众减少，跳香规模也大为缩小。

三、传承人锐减

因岁月的流逝，老一辈老司相继辞世，剩下屈指可数的老司也年事已高，不可能完成高难度的动作，跳香祭祀活动的主持者后继乏人。当代青年人由于思想观念的变化，审美意识也与前辈不同，而且大多外出打工挣钱，都不愿从事老司职业。就连祖辈都是老司的后代，很多也不愿意从事老司职业。一些出身祖传巫傩法事老司家庭且目前还在从事老司职业的人，由于跳香祭祀收入少又累人等缘故，不愿从事跳香祭祀活动。目前，泸溪县只有芭蕉坪村的张启荣及其子张宗江从事跳香祭祀法事，分别确定为省

级和州级传承人。因跳香祭祀还没有进入国家级非物质文化遗产保护项目名录，没有国家级传承人。苗族跳香发祥地布条坪村的老司杨长征和发扬地旧寨的老司杨大军、金子坪村的老司刘克胜等，由于香坛范围村寨人口减少和缺乏跳香祭祀场所及载体，只是偶尔进行过一些跳香祭祀活动。2016年，杨大军被确定为苗族跳香县级传承人。

四、受大众娱乐文化的冲击

在经济全球化、城镇化、工业化的进程中，与此一同兴盛的流行娱乐文化给传统的民间民俗文化造成了巨大冲击，主要靠口耳相传的民间传统文化处于边缘化，许多优秀传统民俗文化濒临失传。由于国家对农村文化的日益重视，尤其是精准扶贫、振兴乡村计划的实施，农村文化生活发生翻天覆地的变化，每个村寨都有各式各样的文艺表演和健身队伍，广场舞占领了农村文化市场。因此，跳香等一类的民俗文化生存空间受到严重的挤压。

第四节　抢救挖掘和传承保护

一、抢救和发掘

跳香在经历了1964—1976年的禁锢时期之后，一些老司不再从事老司职业，许多跳香书籍被烧毁，由于缺乏实践和书籍资料，跳香文化难以传承。1979年，泸溪县文化馆组织一批工作人员在全县开展抢救挖掘民俗文化工作，跳香作为民俗文化的主要内容列入重点挖掘项目。在全县进行民俗文化项目普查之后，发现只有梁家潭人民公社几个村寨的老司还保持跳

香祭祀古俗。县文化馆工作人员采访了旧寨杨世先等老司，收集了一些唱词和舞蹈动作，了解了跳香祭祀活动的基本程序。但是由于当时没有找到跳香书籍资料，也没有举办专场的跳香祭祀活动，因而只记录整理了跳香的基本程序，对大旋场的集体舞蹈部分音乐进行了整理改编，谱成了今天沿用的跳香舞音乐。1985年，县文化局、县民委等部门编撰的泸溪县民间文学三套集成中，记载了跳香活动的一些内容。一批民族学、宗教学的各级专家学者对跳香进行探究，有关跳香的论文相继见诸报纸杂志。

1990年后，随着农村民俗文化的进一步恢复和发展，梁家潭乡（现属洗溪镇）等乡镇的不少苗族村寨恢复或新建了香殿，潭溪镇的婆落寨、大陂流等土家族村落也相继复建香殿，跳香祭祀活动在部分村寨得到恢复和发展。与此同时，民间发掘整理与跳香相关祭祀的民俗文化人员逐渐增多。除了芭蕉坪村老司张启荣潜心从事跳香祭祀法事之外，小章乡小学教师王峰云对跳香中的打童子舞蹈武术进行发掘整理，使打童子舞13套动作得以完整地再现。2000年，泸溪县着手发展文化旅游产业，恢复和发展跳香舞等民俗文化进入了领导决策层面。中共泸溪县委宣传部、县文化局组织相关民俗文化学者、爱好者再一次抢救跳香等一批民俗文化，将苗族跳香作为泸溪县非物质文化遗产保护项目向州、省非物质文化遗产保护中心申报，使得苗族跳香进入州、省非物质文化遗产保护项目名录。2014年，张宗江经过无数次查找获得《调香辞送酬恩赛愿总集》跳香书籍之后，县非物质文化遗产保护中心确定梁家潭文体广电服务站配合张宗江对书籍进行整理，站长杨家旺和老司张宗江在苗族跳香省级传承人张启荣的指导下，根据书中记载内容对跳香民俗进行发掘整理，完整再现了跳香祭祀活动全过程。2015年初，完成整理工作，编辑成书，并形成电子版存入县"非遗"中心。此后，杨、张二人与民俗文化学者张宗南在泸溪县民族、文化部门的支持下，根据《调香辞送酬恩赛愿总集》内容，将跳香祭祀开坛中的傩舞、申法仪程中的"谢神灵"和种五谷仪程中搬土地环节的"十二月农事歌"三个集体舞部分从跳香祭祀活动中提炼分离出来，形成傩舞、谢神灵舞、十二月农事歌舞三个集体歌舞。同时，对跳香舞进行改良，增加祭祀内容，使其与舞蹈相连贯。连续五次参加该县浦市中元节表演。傩舞、谢神灵舞、

十二月农事歌舞与跳香舞四个集体歌舞成为各个民族节日的民俗文化表演主要节目。通过组织跳香祭祀活动、在民族节日展演跳香舞蹈等多种形式，芭蕉坪村培养了以张启荣、张宗江为首的跳香祭祀传承群体。

二、保护和传承

2005 年以来，中共泸溪县委、县人民政府对民族文化事业高度重视，民族、文化等有关部门积极协调指导，充分发挥民族民间文化的资源优势，本着"保护为主，抢救第一，合理规划，传承发展"的方针，积极整合民间文化资源，大力宣传民族特色文化，广泛开展民族民间文化传承活动，多方筹措资金修建了盘瓠、辛女、橘颂等文化广场，望江亭、七星宝塔、涉江楼等民族文化设施，为民俗文化重点乡村修建文化广场，为人们开展大型文化活动搭建了平台。为使民族节日活动更好地传承和发展，泸溪县连年组织举办"三月三""五龙""六月六""七月七""七月八""九月九"、跳香节、祭祀盘瓠大典等传统民族节日活动，先后举办了全县性的"民族民间艺术节""群众文艺团队大会演""盘瓠文化艺术节"、浦市中元节等重大节庆活动，使民族民间文化得以传承和发展。加强非物质文化遗产项目申报，到 2017 年已确定涵盖全县各类文化遗产保护项目 21 个 230 多个门类。进入国家级非物质文化遗产保护项目名录的有辰河高腔、踏虎凿花、盘瓠辛女传说、苗族数纱 4 个；进入省级非物质文化遗产保护项目名录的有泸溪傩面具、苗族跳香、杨柳石雕、浦市窨子屋建筑艺术、浦市中元节等 12 个；进入州级名录的有解放岩花灯、白沙瓦乡山歌、浦市商贸文化、苗族服饰、湘西木雕、湘西土家族南部土家语、六月年、三月三、潭溪筷子舞等 22 个；进入县级非遗保护名录 94 个。全力保护和向上申报非物质文化遗产传承人，先后有 5 人进入国家级非物质文化遗产项目代表性传承人名录，7 人进入省级名录，22 人进入州级名录，96 人进入县级名录。合水镇被授予全国首批"民族艺术之乡"，潭溪镇婆落寨和梁家潭乡（现属洗溪镇）被确定为全州第一批土家族、苗族文化生态保护基地。

自苗族跳香集体舞部分被列入芭蕉坪"三月三"挑葱节、梁家潭"六月

六"祭祖节等民族节日民俗文化表演主打节目后，在泸溪县以及周边地区县市掀起了传承跳香民俗文化高潮。2012年，武溪小学、县职业中学、永兴场中心完小、思源实验学校等开展了"民族文化进校园"活动，跳香舞作为首选节目得到介绍和推广，武溪小学还将其列入课间操。芭蕉坪村、梁家潭村跳香舞队相继参加吉首市丹青镇"清明歌会""三月三"歌会、太平镇排吼"九月九"重阳节、古丈县平坝镇"七月八"情人节等传统民族节日活动表演，向外展示泸溪县苗族跳香舞的独特魅力。

从2014年起，泸溪县文化广播电视新闻出版局为使苗族跳香进入国家级非物质文化遗产保护名录，大力开展苗族跳香的保护和传承。梁家潭文体广电服务站站长杨家旺接受县文广新局"挖掘整理和传播苗族跳香等民俗文化"的任务，在协助整理《调香辞送酬恩赛愿总集》同时，对苗族跳香进行研究。2015年5月10日、10月18日，湖南省文化厅《苗族跳香》数字化采集组两次在芭蕉坪村进行苗族跳香数字化采集，杨家旺、张宗江召集芭蕉坪村村民参加和表演苗族跳香祭祀活动。由此，苗族跳香进入湖南省非物质文化遗产民俗文化资料库。2016年3月，吉首市丹青镇锦坪村举办"三月三"歌会。受该村村委会邀请，杨家旺带领芭蕉坪村民俗文化表演队4名骨干到锦坪村传授跳香舞，并组织芭蕉坪村民俗文化表演队与锦坪村村民一起表演，跳香舞成为锦坪村"三月三"歌会压轴民俗节目。此后，锦坪村民俗文化表演队在吉首市丹青"清明歌会"、吉首市春节联欢活动上多次表演，并在凤凰县民俗文化活动表演大赛中获奖。2017年6月，受古丈县坪坝镇文化站邀请，杨家旺率领芭蕉坪村民俗文化表演队4名骨干到坪坝镇传授跳香舞。8月29日，在坪坝镇"七月八"情人节上，坪坝镇和芭蕉坪民俗文化表演队联合表演跳香舞，得到民众的高度好评。由此，经过梁家潭文体广电服务站及芭蕉坪村跳香舞表演队骨干的传授，泸溪县跳香舞得以向吉首市、古丈县、凤凰县等地流传，成为四县市接边苗族地区传统节日活动民俗表演的必备节目。

2017年9月17日，湘西土家族苗族自治州文广新局派出《苗族跳香》摄制组在芭蕉坪村现场拍摄跳香影视资料，张宗江带领村民完整地表演了跳香祭祀全过程，完成了州文广新局和县民宗文旅局交给的任务，使苗族

跳香进入州非遗中心资料库。11月22日，由湖南省文化厅、省新闻出版广电局、省体育局和省公共文化服务体系建设专家库部分专家组成的验收组，在检查验收泸溪县省级现代公共文化服务体系示范区创建工作时，专程到芭蕉坪检查综合文化服务中心工作。村民俗文化表演队为检查组表演了苗族跳香祭祀活动中的十二月农事歌舞、唱神灵舞、跳香舞3个集体歌舞，赢得检查组一致好评。2018年7月19日，古丈县坪坝镇文化站组织民俗文化表演队代表对冲村参加"美丽乡村大擂台"赛表演跳香舞，获第二名。9月19日，芭蕉坪村民俗文化表演队参加泸溪县"美丽乡村大擂台"赛表演"跳香祭祀"节目，获第一名。

泸溪县通过保护传承，苗族跳香文字资料和视频资料进入州、省非物质文化遗产项目资料库。在民间自发组织跳香祭祀活动逐渐减少的情形下，跳香活动中的神灵祭祀、口咬火犁技艺、罡步舞、傩面舞、打童子舞、抬游船舞、谢神灵歌舞、十二月农事歌舞等舞蹈和巫傩技艺通过民族节日等载体得以传承和发展，成为泸溪县"非遗"保护项目传承发展得最好的项目。

第五节 跳香传承群体与个人

一、传承群体

泸溪县苗族跳香自2009年列入湖南省非物质文化遗产保护项目后，经过十多年的挖掘、保护、传承和发展，打造了芭蕉坪村苗族跳香传承地，形成了一个跳香祭祀活动传承群体。这个群体在张启荣、张宗江带领下，开展过多次祭祀活动和跳香单个集体舞节目的表演。群体内部分为祭司队、吹管乐队、打击乐队、傩舞队、香女队、旗队及管坛队等多

个小组。

祭司队。以张宗江为首，祭司有张启荣、张高席、张宗贵、张恩财、符官田、张启全。张宗江担任主祭，张启荣担任指导兼司鼓，其余人员为副祭。张高席、张宗贵、张启全跟随张启荣从事巫傩法事多年，是张启荣的得意徒弟。其中，张高席在祭祀中擅长罡步，一招一式不亚于师傅，还承担司鼓、长号吹奏。张宗贵还担任男队召集人和长号队队长。

吹管乐队。分为唢呐和长号两支队伍，16人。唢呐队有张宗锐、张启坤、苏清文、张宗见，张宗锐担任队长。擅长［贺圣朝］［哭帝王］等曲牌，与主祭配合得天衣无缝。苏清文、张启坤擅长队伍行进中的［蜜蜂过界］等多种唢呐曲牌，在跳香祭祀活动中善于"补缺"，使唢呐吹奏在法事场中发挥伴奏、烘托气氛作用。张宗见是张启坤的徒弟。长号队人员有张高席、张宗贵、张清和、张宗爱、张启生、周全有、张宗昶、张宗田、梁从干、张高容等，还培训了杨明秀、张田翠两名女号手。其中，张高席、张宗贵、张清和、周全有吹奏效果最佳，属于领队人物。

打击乐队。人员有司鼓张启荣，司锣张高创，司钹张宗选、张启家，胎锣符启生，包锣张启远6人。张启荣作为祭司出身，掌握各种打击乐，在队伍中起到指挥作用。张宗选擅长钹的打击和运用。打击乐队技艺娴熟，配合得当，打击乐能烘托祭祀场所的热烈气氛。

傩舞队。傩舞队人员要求保持12人。这些人员在祭祀活动中除表演傩舞之外，还担任其他祭祀事务，要求掌握多种技艺，哪里出现人员空缺，就往哪里补缺。主要人员有周千利、张有伟、张启有、张恩像等。

香女队。香女队多时有40人，少时有20人，队长张秀英。按寨子确定召集人，芭蕉坪寨子召集人杨庭连、张芳妹，斗篷界寨子召集人熊先春，亮排坡寨子召集人杨水秀。在祭祀活动中，杨红玉、向美玉担纲领队。在舞蹈表演中，张秀英、杨庭连、张芳妹、熊艳担纲领队。

旗队及管坛队。旗队人员不固定，可从香众中临时确定。在民族节日活动场上表演时，需要5名旗手，人员是张高创、张宗选、张宗群、陈万清、张有伟。管坛人员分为司香、造烟及烧犁口等事务人员，有张启清、陈万

武等3人。

上述人员共78人，组成一个跳香祭祀活动群体，在跳香祭祀活动中各司其职，分工合作，出色地完成祭祀活动。同时，由这个群体组成的芭蕉坪村民俗文化表演队，多次参加县里组织开展的民俗文化活动，并通过民族节日活动将跳香舞蹈传授给周边县市村寨。正是这支队伍的存在，使得苗族跳香得以传承发展，也使芭蕉坪村成为泸溪县民俗文化保存得最为完整的村寨。

二、传承人

（一）省级传承人

张启荣，男，1942年10月生，苗族，民间艺人，农民，泸溪县洗溪镇芭蕉坪村一组人，现在家务农，主要从事老司职业。1974年，师从本村老司杨有发，主攻道场法事、还傩愿、跳香祭祀等巫傩技艺。

1978年，正式从事巫傩法事职业。1979年，芭蕉坪举办"三月三"挑葱节，张启荣在活动场上表演苗族跳香部分祭祀技艺，苗族跳香至此得到恢复。他作为周边村寨香殿的掌坛老司，多次主持了亮排坡、榔木坪、斗篷界等村寨的跳香祭祀

苗族跳香省级传承人张启荣

活动。1990年10月，张启荣在梁家潭乡芭蕉坪村主持了一次盛大的十月跳香传统节日，展示了包括跳香请师、申法、传五谷、发童子、大旋场等仪程在内的大型祭祀活动，吸引了来自泸溪县、古丈县、吉首市等地区的苗族群众前来观看，观众达2万余人。2003年以来，由张启荣主持的苗族跳香

祭祀曾多次在苗族节日“三月三”“六月六”等活动中进行技艺展示。2004年，在白沙镇侯家村辛女庵祭祀活动中进行过表演。2007年，省文化部门派专人到梁家潭乡（现属洗溪镇）拍摄《傩愿》敬神，由张启荣担当主持。2003—2016年，多次担纲苗族跳香祭祀活动任务。

2010年，张启荣被列为省级非物质文化遗产项目代表性传承人。

（二）州级传承人

张宗江，男，1966年7月25日出生，苗族，农民，泸溪县洗溪镇芭蕉坪村人。2015年，被评为湘西土家族苗族自治州苗族跳香州级非物质文化遗产项目代表性传承人。

苗族跳香州级传承人张宗江

张宗江的历代祖先都从事老司职业，以道场法事、巫傩法事为主业，可谓老司世家。张宗江从16岁起师从其父张启荣，秉承老司职业，1996年1月经过秉职洗礼出师，现为芭蕉坪苗寨第十七代老司（苗语“巴濹”）。在20多年的老司职业生涯中，张宗江继承了其父跳香巫傩技艺，同时又学会和掌握了巫傩文化的高端技艺——口咬火犁，完整地将苗族跳香祭祀文化传承下来。2005年以来，他除配合父亲从事道场法事之外，还潜心研究苗族跳香文化，指导并帮助芭蕉坪村和周边村寨恢复和建立跳香殿（玉皇殿），和父亲一起成为芭蕉坪以及周边28个村寨的香殿掌坛老司，每年到各个村寨举行跳香祭祀活动。

为了传承苗族跳香文化，张宗江根据县民族宗教及文化部门的要求，在各个民族节日活动上主持跳香祭祀，在民俗文化学者的帮助下，把苗族跳

香祭祀和跳香舞蹈有机融合在一起，使得濒临消失的苗族跳香得以完整地保存下来。

2003年4月，在芭蕉坪村举办的"三月三"民族节日中，在民俗文化学者的策划下，张宗江配合父亲首次将苗族跳香搬进节日活动之中。此后，苗族跳香祭祀成为民族节日活动的主要民俗文化节目。2004—2010年，他与父亲先后5次在"三月三""六月六"等民族节日活动中主持跳香祭祀。2012年2月16日，梁家潭乡（现属洗溪镇）人民政府、泸溪县文化馆联合组织在芭蕉坪村举办"芙蓉区泸溪县干部篝火联欢晚会"，张宗江单独主持跳香祭祀活动，并把口咬火犁巫傩技艺融入跳香之中，在晚会上为长沙市芙蓉区领导和来宾表演。2014年4月8日，芭蕉坪村举办"三月三"苗族民俗文化节，他主持了祭祖、跳香祭祀活动，表演了口咬火犁技艺。7月9日，全州"神秘湘西，美丽家园"活动走进泸溪县，在红土溪村盘瓠庙，由他主持祭祀盘瓠辛女活动，表演口咬火犁技艺。12月16日，泸溪县申报国家AAA级旅游景区，在红土溪村举行活动，由他主持祭祀活动，表演口咬火犁技艺。

2014—2017年，张宗江作为浦市中元节祭祀活动的唯一一位老司，表演祭祀舞蹈，主持祭祀黑龙菩萨、抬灵官、祭祀河神等活动。

由于苗族跳香书籍在1968年被作为"四旧"烧毁，1979年，县文化馆在梁家潭、八什坪等地收集苗族跳香书籍，一无所获。在民间主持的祭祀活动中，张宗江父子俩一直凭口传的苗族跳香祭祀内容开展祭祀活动，导致凭记忆的口传内容与表演的祭祀内容很不完整。2014年，在"三月三"节日活动之后，张宗江决意要整理跳香资料。几次在家中翻箱倒柜查找，终于找到了有关跳香祭祀内容的抄本，结合口传，他在乡文化站协助下整理了《调香辞送酬恩赛愿总集》一书，从而使苗族跳香资料得以重见天日，成为泸溪县苗族跳香孤本。

2015年5月10日和10月18日，湖南省《苗族跳香》数字化组两次在芭蕉坪村进行采集活动，张宗江担纲主祭老司，按照《调香辞送酬恩赛愿总集》记载，表演苗族跳香祭祀活动过程，完成数字化采集任务。2017年8月29日，他带领芭蕉坪村民俗文化表演队参加古丈县坪坝镇"七月八"苗族

跳香舞表演。9月17日，担纲湘西土家族苗族自治州文广新局《苗族跳香》摄制组在芭蕉坪村的祭祀表演任务。11月22日，带领村民俗文化表演队为省文化厅检查组表演了跳香祭祀三个集体舞。2018—2019年，相继在古丈县平坝镇"七月八"情人节、泸溪县首届美丽乡村大擂台赛、芭蕉坪"三月三"挑葱节等活动中担纲苗族跳香舞领舞和主祭。

（三）县级传承人

泸溪县苗族跳香县级非物质文化遗产项目代表性传承人有3人：杨大军、王峰云、张恩财。

苗族跳香县级传承人杨大军

（1）杨大军。男，苗族，1965年6月生，泸溪县洗溪镇岩寨村旧寨自然村人。清末，其祖父杨兴盛跟随曾祖一辈学习跳香祭祀技艺，并发扬光大，代代相传。其父杨世先一度成为民国末期和新中国成立初期远近闻名的跳香老司。杨大军自小跟随父亲从事巫傩法事祭祀活动，跳香时那种壮观的场景深深地震撼着年幼的他，耳濡目染之下，杨大军自然也就对这门技艺产生了浓厚的兴趣。其父去世后，又跟随伯父学习跳香和巫傩法事，26岁能够独立从事巫傩法事技艺，开始20余年老司生涯。2000—2016年，在周边村寨主持跳香祭祀活动5次，传承苗族跳香祭祀文化。2016年，被确定为泸溪县苗族跳香非物质文化遗产项目传承人。

（2）王峰云。男，1966年出生，苗族，泸溪县小章乡桥排坡人，小章乡学校小学教师。打童子是跳香祭祀发童子仪程表演的民间武术。表演时，童子每人持一根三节竹棍，在锣鼓、钹和牛角配乐中按照老司引导表演各种武术（农事）动作。小章乡的跳香打童子武术动作是桥排坡村的王天元

和郑朝科二人创立，至今已流传270余年，有13套动作。1996年，小章乡桥排坡寨举办跳香祭祀活动，其中有打童子表演环节。王峰云发现打童子武术动作优美粗犷，很有推广价值，于是，开始研究和整理打童子全套武术动作。从2006年起，王峰云将"打童子"舞作为艺体课在学校教授学生。2015年，小章乡学校将"打童子"舞收进校本教材，在学校推广。2016年6月4日，《团结报》第3版《乡村视野》栏目以《王峰云和打童子》为题进行了报道。是年，王峰云被确定为泸溪县苗族跳香"打童子"舞非物质文化遗产项目代表性传承人。

苗族跳香"打童子"舞县级传承人王峰云

（3）张恩财。男，苗族，1993年10月出生，初中文化，泸溪县洗溪镇芭蕉坪村一组人。2013年开始接触跳香祭祀活动，耳濡目染中对跳香祭祀产生了兴趣。2014年，他参加"三月三"挑葱节，表演跳香舞蹈。2015年，湖南省文化厅在芭蕉坪村采集苗族跳香资料时，他参加跳香祭祀活动，认真向长号吹奏能手张宗贵学习长号吹奏。2016年，正式拜苗族跳香传承人张宗江为师，从事苗族跳香祭祀和长号吹奏。2017年，两次参加浦市中元节祭祀和州文广新局《苗族跳

苗族跳香县级传承人张恩财

香》专题片拍摄，协助师傅张宗江进行祭祀中开场、请神、游船、扫瘟等环节。2018年，随芭蕉坪村表演队参加古丈县平坝镇"七月八"情人节和泸溪县乡村大擂台《跳香祭祀》节目表演。2019年1月，被确定为苗族跳香县级传承人。2019年4月4日，在"三月三"挑葱节跳香祭祀活动中担纲副祭。

后 记

　　2016年3月，湘西土家族苗族自治州民族宗教事务局下达搜集整理编纂出版少数民族古籍的课题任务，泸溪县民族宗教文化旅游广电新闻出版局将"泸溪跳香"作为选题，确定编纂《泸溪跳香》一书，既作为完成本县民族古籍的编纂任务，也作为更好地保护和传承非物质文化遗产的一次尝试。

　　为了确保民族古籍工作顺利开展，泸溪县成立《泸溪跳香》编纂工作小组，确定专人负责，聘请搜集整理编纂人员，确定编纂方案，省、州民族工作部门及县民宗文旅局安排专项经费。在本书编纂过程中，编纂工作小组成员做了大量细致而深入的组织指导和衔接工作，编写人员更是付出了艰辛的劳动。历时一年六个月，《泸溪跳香》终于于2017年6月编纂成书。2019年5月，根据湘西土家族苗族自治州民族宗教事务局要求，对全书进行进一步修改补充，于5月中旬完成任务。至此，《泸溪跳香》得以付梓。

　　《泸溪跳香》的编纂成书，得到了各级领导和专家的支持，凝聚了全体编纂人员的智慧，是集体团结合作的结晶。在编纂过程中，除参考相关文献资料外，还参考了湖南省沅陵县、古丈县、城步苗族自治县和广西壮族自治区龙胜各族自治县人民政府网站以及新浪博客（老五）、三苗网、百度百科、360百科等相关网站资料，充实了本书编纂内容，在此表示感谢！

　　但愿本书的出版发行，能进一步增进外界对湘西苗族民俗文化的了解，为弘扬民族文化，促进各民族的文化交流，增强民族团结，实现各民族共同发展、共同繁荣发挥微薄的作用。

　　苗族跳香民俗文化跨时太久，内容纷繁，所存资料极少，加之我们编纂水平有限，疏漏和错误之处在所难免，恳请广大读者和方家批评指正。

编者

2019年6月